Y Dyn Tu ôl i'r Llais

Geraint Lloyd

Y Dyn Tu ôl i'r Llais

gydag Elfyn Pritchard

Argraffiad cyntaf: 2013

Dymuna'r cyhoeddwyr gydnabod cymorth ariannol
Cyngor Llyfrau Cymru

Llun y clawr: Owain Llŷr
Cynllun y clawr: Y Lolfa

Rhif Llyfr Rhyngwladol: 978 1 84771 722 1

Cyhoeddwyd, rhwymwyd ac argraffwyd yng Nghymru gan
Y Lolfa Cyf., Talybont, Ceredigion SY24 5HE
gwefan www.ylolfa.com
e-bost ylolfa@ylolfa.com
ffôn 01970 832 304
ffacs 832 782

Profiad newydd

GALWAD FFÔN GAN Lefi o'r Lolfa oedd dechre popeth. 'Wyt ti awydd sgrifennu dy hunangofiant?' Fe'n perswadio, fi'n protestio, ond fe enillodd! 'Alla i ddim sgrifennu'r peth fy hunan.' 'Gei di help, Elfyn Pritchard, ma' fe 'di gweithio 'da Trebor Edwards, Yogi, Gareth Wyn ac Aeryn Llangwm. Fe fydd dy sgrifennwr di, os wyt ti'n fodlon.' O'n, ro'n i'n fodlon, ac rwy'n ddiolchgar iawn iddo. A rywbryd wedi i fi gytuno, fe ffoniodd Elfyn fi.

A dyna ddechre'r cwrdd a'r cydweithio, o ganol Ebrill hyd ddiwedd Hydref, cwrdd yn Lledrod a'r Sarnau, y Marine a'r Richmond a Llety Parc yn Aberystwyth, y fi a fe a'r recordydd tâp. Wnes i rioed feddwl bod cymaint i'w benderfynu, faint i'w ddweud, beth i'w gynnwys a beth i'w ddileu – rhag ofn! Ac yna trefen y gweud, a threfen y penode, a'u teitle. Y dafodiaith wedyn a finne'n tueddu i ddefnyddio geirie sy ddim yn nhafodiaith Lledrod am mod i'n siarad 'da pobol ledled Cymru ar fy rhaglen. 'Buarth' medde'r sgript i ddechre, 'clos' medde golygydd y Lolfa, 'ffald' meddwn inne, a dyna danlinellu'r broblem mewn un gair.

'Bydd angen llunie – a chapsiyne.'

'Faint?' holes i.

'Ryw 60!'

Nefoedd! Galw am help gan Anna, fy ngwraig, sydd hefyd wedi darllen y cyfan, a derbyn yr awgrym i rifo pob llun a rhifo pob capsiwn yn ofalus, rhag bod y capsiwn anghywir dan y llun anghywir. Mor hawdd, mor hawdd fydde i hynny ddigwydd. Pethe fel'na, na feddylies i rioed amdanyn nhw cyn hyn. A'r teitl, wrth gwrs, a'r llun ar y clawr, a'r amserlen –

angen popeth erbyn ddoe! Na, chware teg, bu'r Lolfa'n raslon. Angen y cyfan erbyn canol Awst oedd y dedlein cynta, wedyn ddiwedd Medi, ond cafwyd trugaredd hyd ddiwedd Hydref gan i salwch un a phrysurdeb y llall greu anhrefn o'r amserlen.

Profiad newydd sbon, ac rwyf wedi mwynhau pob munud. Y broblem fwya oedd cofio popeth, ac yn hynny o beth rhaid enwi un y bu ei hadnabyddiaeth o'r ardal ac o'm teulu'n werthfawr tu hwnt, sef Beti Griffiths, Llanilar. Mawr ddiolch iddi hi. A nawr, os ydw i wedi mwynhau'r broses o baratoi, dyma obeitho y gwnewch chithe wrth ddarllen y gyfrol. Mi fydd yn y siope cyn y Nadolig. Hwylus iawn ynte, a'i phris yn llai na phris *lasagne* mewn caffi.

Geraint Lloyd

PENNOD 1

O job i job

O'R FARMERS CO-OP i Radio Cymru – dyna siwrne fy ngyrfa ym myd gwaith ac, yn rhyfedd iawn, dwi rioed wedi ceisio am yr un swydd. Mae popeth sy wedi digwydd yn fy mywyd i wedi digwydd bron heb i fi wneud dim yn ei gylch. Does gen i 'run CV a ches i rioed yn fy mywyd gyfweliad am swydd.

Pan oeddwn i yn Ysgol Tregaron roedd pasio mhrawf gyrru yn bwysicach i fi na phasio arholiade. Fe ges fy mhen-blwydd yn ddwy ar bymtheg ym mis Ionawr, ac ro'n i wedi pasio mhrawf gyrru cyn yr haf y flwyddyn honno. Mab ffarm, chi'n gweld, ac fel pob mab ffarm arall yn y cyfnod hwnnw ro'n i'n galler dreifio ers pan o'n i'n ddeuddeg oed ac ro'n i'n torri gwair efo tractor yn bedair ar ddeg! Dim ond mater o sefyll y prawf oedd e. Doedd Mam ddim yn hapus, ond 'na fe, fel'ny digwyddodd hi. Cael car oedd hi nesa, ac wedi i fi ga'l hwnnw, 'the world is my oyster' oedd hi wedyn. Ond doedd pethe ddim yn fêl i gyd; ffarm fach oedd ein ffarm ni, felly os o'n i isie car roedd yn rhaid i fi gael pres i'w gadw fe mewn petrol.

Felly, i'r mart i Aberystwyth â fi ar y dydd Llun. Bydde pob ffarmwr yn mynd rywbryd yn ystod y dydd i'r Farmers Co-op yn Chalybeate Street. Felly finne. Ac fe weles Richard, neu Dic James, o Lanilar yno, ffrindie mawr gyda Nhad a Mam, un sy yn ei nawdegau erbyn hyn. A dyma fe'n gofyn i fi:

'Be nei di nawr, mynd 'nôl i'r ysgol?'

'Na,' medde fi, 'whilo am job.'

'Wel,' medde fe, 'mae angen rhywun fan hyn.' Ac fe ddwedodd wrth Meic Jones, rheolwr y siop, mod i'n whilo am job.

'O, hoffet ti weithio mewn siop fel hyn?' holodd yn Saesneg.

'*I don't mind,*' medde fi.

'OK, cei di ddechre dydd Llun,' medde fe.

A fel'ny'n union fuodd hi – dim cais, dim cyfweliad, dim! Ac yn sicr y peth gore ddigwyddodd i fi erioed oedd dechre yn fan'no. Siop yn gwerthu pob peth oedd hi: hade, sgidie, dillad, hoelion, tŵls, llestri, bwyd cŵn – popeth. A beth oedd yn dda i fi oedd fod pob math o bobol yn dod i mewn, croestoriad o bobol, a gweud y gwir, a finne'n cael y profiad o ddelio â phob un ohonyn nhw. Ar ddydd Llun, ffermwyr oedd y cwsmeriaid, pobol dre y dyddie wedyn, a dwi'n cofio y bydde hen fenyw fach yn dod i mewn bob dydd i gael gwerth hanner can ceiniog o fwyd cŵn.

Finne'n grwt bach dibrofiad yn ffaelu deall ei bod yn dod bob dydd a phrynu cyn lleied.

'Pam na phrynwch chi fagied mawr,' medde fi, 'i sbario ichi ddod bob dydd?'

'Na, chi ddim yn deall,' medde hi. 'Mae'n esgus i fi ddod mas o'r tŷ bob dydd.'

Hen wraig fach yn byw ar ei phen ei hunan oedd hi, hen wraig fach unig, dim ond hi a'r ci. Dod mas er mwyn cael cwrdd â phobol, cael sgwrs yn y siop ac ar y stryd. Pethe fel'ny o'ch chi'n ddysgu, chi'n gweld. Dysgu am fywyd.

Fe ddysges i sawl gwers yn ystod y cyfnod hwnnw, ac rwy'n cofio un arall yn dda. Roedd dyn o'r enw Mr Jones (neu Jones Bach fel roedd pawb yn ei alw) yn byw yng ngwaelod Rhiw Penglais, oedd e'n siŵr o fod bron yn gant oed, ac wedi bod yn gweithio mewn *hardware* ar hyd ei oes. Fe fydde'n dod i'r siop bob dydd am ryw ddwyawr. Allech chi ddysgu dim byd i Jones Bach; roedd e'n gwybod popeth, a dwi'n cofio un achlysur yn dda. Roedden ni'n gwerthu welingtons, achos mae pob ffarmwr yn gwisgo welingtons. Welingtons Argyle gyda bandyn coch ar 'u topie nhw oedden nhw, a phob ffarmwr, bron, neu fel'ny roedd hi'n ymddangos i fi, yn gwisgo seis wyth.

Roedden ni'n eu cadw ar y llawr cynta gyda stâr serth i

fynd lan yno, ac roedd seis wyth yn gwerthu mas yn amal. Un diwrnod, dyma ffarmwr i mewn a gofyn am welingtons seis wyth.

'Wedi'u gwerthu i gyd,' medde fi. Ro'n i'n gwybod hynny'n bendant. Doedd dim un pâr ar ôl yn y siop. 'Ond byddan nhw i mewn cyn diwedd yr wythnos.'

Roedd Jones Bach yn ymyl ar y pryd, a dyma fe'n gweud: 'Gwrandwch, Mr Evans (galwn ni e'n Mr Evans). Fe af i edrych i chi nawr rhag ofan fod pâr neu ddou ar ôl.'

Finne'n meddwl – Be sy'n bod ar y boi yma?

'Does dim ar ôl, Jones,' medde fi.

'A' i lan i edrych nawr,' medde fe. A lan â fe a sefyll ar ben y stâr i edrych cyn dod lawr a gweud:

'Na, maen nhw i gyd wedi mynd, Mr Evans.'

Chi'n gweld, roedd y cwsmer yn meddwl mod i'n rhy bwdwr i fynd fyny i edrych, ond roedd e Jones Bach wedi mynd i edrych. Seicoleg siopwr! A hyd heddi, pan fydda i'n mynd i siop i holi am rywbeth a'r siopwr yn gweud ei fod e wedi rhedeg mas, fydda i'n meddwl, 'Cer i edrych rhag ofon.' Ac fe fydda i'n gwneud yr un peth efo pobol hefyd. Roedd honna'n wers bwysig iawn i'w dysgu.

Roedd hi'n brysur iawn yn y siop ar rai cyfnode – tymor yr haf, er enghraifft, yn brysur gyda phobol ddierth, a dechre Hydref gyda'r holl fyfyrwyr yn dychwelyd i Aber. Ni oedd yr unig siop yn y dre oedd yn berchen peiriant torri allweddi, ac fe fydde'r myfyrwyr yn heidio i gael allweddi ar gyfer eu stafelloedd. Fe fyddwn i wrthi'n brysur iawn yn gweithio'r peiriant. Fy nghyflog i oedd £17 yr wythnos, ac ro'n i'n meddwl mod i'n cael ffortiwn! Digon i gadw'r car. Wel, roedd hi'n bosib cael pedwar peint o Allbright am bunt bryd hynny.

Yn y diwedd, fe gaeodd y siop yn Chalybeate Street ac fe symudon nhw i lawr i waelod Coedlan y Parc lle roedd y warws, gyferbyn â'r hen fart. Roedd tua dwsin yn gweithio yn y siop ac roedden ni i gyd mas o waith wedyn. Ond erbyn hynny ro'n i'n gwneud llawer gyda cheir, yn ralïo neu'n trio ralïo, ac ro'n i'n prynu llawer o ddarne ceir. Roedd cwmni yn Aberystwyth o'r enw Grooms Industries, cwmni o'r Drenewydd yn wreiddiol, ac roedden nhw'n gwerthu partiau ceir, brêcs a phethe fel'ny. Felly roeddwn i yn fanno'n amal ac yn nabod y bois yn dda. Ar y dydd Gwener pan gaeodd y siop roedd pawb mas o waith, a'r gweithwyr i gyd wedi cael ffurflen i fynd ar y dôl, a dyma fi'n meddwl y bydde'n rhaid i fi whilo am waith nawr. Fe ddigwyddes fynd i Grooms i gael rhyw bart i'r car a dyma Myrddin yn gweud:

'Trueni bod y siop 'di cau achan. Be wnei di nawr?'

'Bydd rhaid i fi whilo job,' medde fi.

'Rwyt ti'n nabod dy bartiau ceir, yn dwyt?' holodd Myrddin.

'Cei di weithio fan hyn,' medde fe, 'dechre dydd Llun os galli di.' A fel'ny fuodd hi. Fues i ddim diwrnod mas o waith.

* * * * * *

Dyma'r jobyn gore rioed, feddylies i ar y pryd! Tu ôl i'r cownter am sbel, yna yn y storfa, ac yna wedi troi ugain oed mas ar y fan ddosbarthu a dysgu llawer am ganolbarth Cymru. Fe fyddwn i'n mynd lan cyn belled â'r Bermo, a lawr cyn belled ag Aberteifi a thu hwnt. I garej Brian Llywelyn y tu draw i Eglwyswrw, ac i Gastellnewydd Emlyn – rownd wahanol bob dydd.

O gwmpas garejys Aberystwyth y byddwn i ar ddydd Llun, dim rownd dydd Mawrth gan fod y bòs yn mynd â'r fan i'r Drenewydd; wedyn, dydd Mercher lan am Fachynlleth, Tal-y-bont, Cemaes, Dinas Mawddwy, Aberdyfi, Tywyn a'r Bermo, gan alw yn Nolgellau ar y ffordd 'nôl. Dydd Iau wedyn, i lawr am Dregaron, Llanbedr Pont Steffan, Llanwrda a Llanymddyfri. Roedd llawer mwy o garejys i'w cael bryd hynny, a garej bron ym mhob pentre. Fe fydde'r rep yn mynd y diwrnod cynt i gasglu'r ordors, a finne'n delifro drannoeth. Ar y dydd Gwener fe fyddwn i'n mynd i gyfeiriad Aberteifi a Chastellnewydd Emlyn a Llangrannog. Cynta'n y byd roeddwn i'n gwneud y rownd bob dydd, gore'n y byd, cael hoe fach ar lan y môr wedyn, achos do'n i ddim isie cyrraedd 'nôl cyn hanner awr wedi pump neu fe fyddwn yn cael jobyn arall i'w gwneud cyn mynd adre.

Aeth hi'n draed moch arna i un dydd Mercher. Ro'n i wedi bennu'n gynnar ac fe es i lawr i'r harbwr am hoe, ac fe gysges i'n drwm yn y fan. Wnes i ddim deffro nes bod hi obeutu whech, a'r siop 'di cau ers hanner awr wedi pump! Doedd Myrddin, y bòs, ddim yn hapus. Roedd e ar fin ffonio rownd gan feddwl mod i wedi cael damwain yn rhywle ar y ffordd. Wnes i ddim gweud wrtho fe taw cysgu yn yr harbwr o'n i!

Fel y dwedes i, y drefen oedd rep rownd y diwrnod cynt a finne'n delifro wedyn – ambell ordor fawr, ambell un fach iawn, mor fach fel 'ych bod chi'n teimlo nad oedd yn werth mynd yno. Ond fel'na roedd hi bryd hynny. Fe fydde pobol yn aros weithie am ddeuddydd neu dri, weithie fwy na hynny am 'u partiau. Heddi, partiau 'run diwrnod ydi hi, neu bydd rhywun arall wedi camu i mewn.

Mae'n fyd cystadleuol iawn erbyn hyn fel y gŵyr Eilir Morgan, ffrind i fi ddaeth aton ni'n 16 oed. Mae e'n rhedeg ei fusnes ei hunan erbyn hyn, cwmni E & M Motor Factors ar Stad Glanyrafon yn Aberystwyth, a dwi'n tynnu ei goes e'n amal achos taw fi ddysgodd e. Mae cwmni mawr 'da fe ac os bydd rhywun yn ffonio am bart yn y bore, fe fydd yn disgwyl ei gael cyn nos yr un diwrnod, dim aros dros nos hyd yn oed. 'Na'r byd ry'n ni'n byw ynddo. Os na ddigwydd delifro sydyn fel yna, bydd rhywun arall wedi llwyddo i ddod o hyd i'r part. Byd cystadleuol iawn! Ac mae'r newid wedi digwydd mewn cyfnod eitha byr, a hyd yn oed gyda partiau anghyffredin, mae disgwl eu cael o fewn deuddydd. Pan ddechreues i arni roedd pethe'n wahanol. Os oedd rhywun yn berchen car anghyffredin, alle fe ddisgwl am bythefnos am ddarn iddo fe. Fe fydde'n rhaid aros am wythnose am ddarne tramor i Datsuns ac Alfa Romeos, er enghraifft.

Achos mod i'n mynd o gwmpas garejys fel hyn, be oeddwn i'n gwneud mwy a mwy ohono oedd trwsio ceir fy hunan ar fin nos adre. Roedden ni'n griw mawr o fechgyn yn yr ardal, tua'r un oed, a chan bob un ei gar, ac roedd rhywun yn cael damwain neu'n bwrw rhywbeth o hyd, a fi oedd yn trwsio wedyn, tynnu tolcie a spreio. Dyna beth ro'n i'n ei wneud fwya – *accident repairs* – am flynydde. Roedd gen i edmygedd o bobol oedd yn gallu reparo ceir ar ôl damweiniau. Ges i ddamwain gyda'r car cynta oedd gen i: NEJ 13K Austin 1100. Roedd yna ofergoel ynglŷn â phrynu car gwyrdd, ei fod e'n anlwcus, ond car gwyrdd oedd 'da fi. Fuodd e ddim 'da fi'n hir ond arna i yr oedd y bai am hynny. Dwi'n cofio gweud wrth Mam ar ôl i fi gael damwain fach ar sgwâr Lledrod fod y brêcs wedi ffaelu, ac fe gredodd hi fi druan. Ond nid dyna'r gwir, y droed dde oedd y drwg, rhy drwm o lawer! Ond roedd raid cael rhywun i drwsio'r car i fi, a'r person wnaeth hynny oedd John Richards, oedd yn gweithio bryd hynny i'r *Cambrian News* yn Aberystwyth.

O'n i'n meddwl bod John yn foi anhygoel, a ma' fe'n dal i drwsio ceir ym Mhenparcau. O'n i isie gwneud hynny hefyd yn fwy na dim. O'n i'n prynu cylchgrone a'u studio a siarad â hwn a'r llall oedd yn trwsio ceir, ac fe es i ati wedyn i ddysgu fy hunan, a mynd ar gwrs weldio i Goleg Ceredigion, weldio gyda nwy *oxyacetylene*.

Ro'n i'n cael pleser mawr wedyn yn trwsio ceir, y pleser o geisio'u trwsio'n berffeth a chlywed pobol yn canmol a gweud gwaith mor dda o'n i wedi'i wneud. Mae tolc mewn car yn beth cas ac mae rhywun yn siomi ac am ei gael yn ôl yn berffeth, ond jobyn a hanner oedd cael y paent yr un fath yn gywir. Mae pethe felly wedi gwella erbyn hyn, ond roedd hi'n broblem erstalwm. Fues i'n ffodus iawn mod i'n gweithio i Grooms, achos roedd Grooms yn cymysgu paent eu hunain i bobol ac fe ges i fy anfon ar gwrs i Birmingham am wythnos. Do'n i rioed wedi bod dim pellach nag Abertawe cyn 'ny. Ro'n i'n aros mewn gwesty ar bwys y Bull Ring, a'r pryd hynny do'n i ddim callach shwt le oedd e. Ond roedd e'n lle ryff iawn, yn ôl pob tebyg. Roedd y criw ro'n i gyda nhw yn gweud mod i'n aros mewn gwesty enwog iawn a finne'n meddwl taw tynnu nghoes i oedden nhw. Ond un noswaith, pan gerddes i mewn, pwy oedd yn iste wrth fwrdd yn bwyta ac wedyn yn crwydro o gwmpas y lle ond Benny, un o actorion amlyca *Crossroads*. Y fe oedd perchennog y lle! Y tro cynta i fi gwrdd â rhywun enwog!

Fe fues i wedyn mewn ffatri yn Blackwood, un o hen ardaloedd Birmingham, yn dysgu cymysgu a matsio paent, ac ro'n i'n elwa o hyn i gyd ac yn cael mantes bersonol o hynny drwy fynd ati adre i drwsio a spreio.

Wrth fynd rownd y garejys gyda Grooms fe fyddwn i'n galw mewn garej fawr yn Clarach. Reparo ceir ar ôl damweiniau ac ailadeiladu ceir roedden nhw'n ei wneud yn y garej yma, gyda llawer o geir yn dod yno ar orchymyn yr heddlu yn dilyn damweiniau yn ogystal â cheir o garejys eraill hefyd. A chan mod i'n galw yno bob dydd Llun ar fy rownd roeddwn i'n nabod y perchennog, John Gobourne, a dyma fe'n gweud wrtha i un diwrnod: 'I hear you're very busy moonlighting, repairing cars at home.' A dyma fe'n gofyn i mi fynd i weithio iddo fe. Iawn, medde fi, ac fe es yn ôl at Myrddin a gweud mod i'n gorffen gyda Grooms ac yn symud i'r garej yng Nghlarach.

Wnaeth e ddim cwyno na chynnig codi nghyflog i. A gweud y gwir, fe fydde fe'n cwyno bod y bil petrol wedi dwblu ers i fi gymryd drosodd ar y fan, gan fod 'y nhroed i'n drymach na'r gyrrwr cynt, a falle'n ddistaw bach 'i fod e'n falch i ngweld i'n gadael!

* * * * * * *

Roedd y cyfnod y bues i yng Nghlarach yn gyfnod cynllun yr Youth Training Scheme, ac fel mae'n digwydd, am wn i, lle bynnag y bydd criw yn gweithio gyda'i gilydd, roedd yna lawer o dynnu coes, ac yng Nghlarach roedd bois yr YTS yn ei chael hi'n anhrugarog. Gan ei bod yn garej fawr a gwahanol adranne iddi, a gwahanol bobol yn delio â gwahanol ranne o gar, roedd yn rhaid rhoi nodyn ar gar pan oedd e'n gadael un adran i weud be oedd yn dal isie'i wneud arno fe. Fe ofynnwyd i un o fois yr YTS, Sais o'r enw Mark, symud car o'r iard i mewn i'r garej, ond wnaeth y bois ddim rhoi nodyn 'dim brêcs' arno. Roedd Mark wrth ei fodd yn cael dreifo ceir o gwmpas yr iard gan ei fod e'n rhy ifanc i ddreifo ar y ffordd, heb gyrraedd ei ddwy ar bymtheg oed, ac roedd e'n ffansïo'i hunan braidd. Ond i le'r aeth e, wrth gwrs, y tro yma ond yn syth i mewn i'r wal, ac os oedd llanast ar y car cynt roedd llawer mwy o lanast arno fe wedyn. Mark druan!

Ond roedd pethe'n digwydd yn anfwriadol weithie hefyd. Ro'n i'n gweithio yn yr adran oedd yn ailshelio ceir, sef rhoi cragen newydd iddyn nhw, neu newid y gragen o un car i gar arall ambell dro. Dwi'n cofio gwneud hynny i Citroen 2CV bychan, ond anghofio rhoi nodyn 'dim brêcs' ar sedd y dreifar. Fe ddaeth Jeff y mecanic draw i 'nôl y car er mwyn ei yrru lan y ramp uwchben y pit i gael golwg ar bethe o dan y car. Pan gyrhaeddodd y car dop y ramp fe fethodd stopio ac fe gwmpodd ar ei ochor i'r pit. Roedd hi'n andros o strach ei gael oddi yno a Jeff yn diawlio, ac wrth gwrs roedd yr holl waith o'i stripio a gosod cragen newydd arno fe'n ofer.

Yn ystod y cyfnod y bues i yng Nghlarach roedd bron pob car oedd wedi bod mewn damwain yn cael ei riparo a'i roi yn ôl ar y ffordd. Dydi hynny ddim yn digwydd erbyn hyn; does angen fawr o ddamej ar gar bellach i'w wneud yn *write off*. Ond roedd ceir â golwg mawr arnyn nhw yn cael eu riparo a'u rhoi yn ôl ar yr hewl. Fe fues i yno am bum mlynedd. O feddwl, tua phum mlynedd oedd hi ym mhobman yn fy hanes i, a gweud y gwir – pum mlynedd yn y Farmers Co-op, pump yn Grooms a phump arall yng Nghlarach. Ond fe aeth y gwaith yn brin yno, ac roedd pethe'n dawel iawn erbyn y diwedd.

O'dd Grooms yn gwneud y rhan fwya o waith i garej Mazda, a ffrind i fi, Anthony Richards, oedd y perchennog. Ond fe aeth y garej i godi gormod am y gwaith yn y diwedd, a doedd y garejys eraill chwaith ddim yn anfon eu ceir at John Gobourne yng Nghlarach. Felly fe golles fy job, ac roedd yn rhaid i fi gael rhywbeth arall i'w wneud ar unweth gan mod i wedi priodi Siw erbyn hynny, ac roedd Carys, fy merch, wedi'i geni ac yn flwydd oed. Ro'n i hefyd wrthi'n codi tŷ yn Lledrod, y pentre lle ces i fy magu, ac roedd yn rhaid ennill arian gan fod morgais 'da fi.

* * * * * * *

Beth benderfynes i ei wneud oedd cychwyn busnes fy hunan. Felly dyma fynd at Anthony a gweud fy mwriad wrtho, a gofyn iddo a fydde fe'n fodlon hala'i geir ato i i'w trwsio, y câi e nhw wedi'u gwneud yn tsiepach nag mewn unrhyw garej. Ac fe gytunodd. A dyna wnes i, mynd ati i wneud tipyn bach mwy o addasu ar un o adeilade'r ffarm adre a'i droi'n weithdy a bwrw iddi.

Fe es i'r banc i ofyn am fenthyciad. Ro'n i wedi cael cwpwl o jobs i'w gwneud, un eitha mawr – car Maestro wedi bwrw'i ben bla'n ac angen gwerth mil a hanner o bartiau arno. Doedd 'da fi ddim yn agos at fil o bunnoedd yn y banc bryd hynny, ond dyma fynd at Lloyd Motors ac ordro gwerth mil a hanner o bartiau a thalu â siec amdanyn nhw.

Y pnawn hwnnw, wedyn, roedd gen i gyfarfod yn y banc, sef y NatWest, efo Norman Williams, y rheolwr busnes. Roedd hyn tua 1987-88, cyfnod Mrs Thatcher, ac roedd pawb yn dechre'i fusnes ei hun. Dyma weud wrth Norman Williams mod i'n dechre busnes a meddwl wrth weud ei fod e'n siŵr o fod yn clywed hyn bob dydd, bron.

'Oes gen ti gynllun busnes?' oedd ei gwestiwn.

'Nag oes. Dim ond lan fan hyn,' a phwyntio at fy mhen. 'Dwi'n gwybod be dwi'n moyn wneud.'

'Faint o arian ti isie?'

'Tair mil,' medde fi.

'Hm,' medde fe a gweud dim am hir. Fe addawodd ofyrdrafft o fil o bunnoedd i fi yn y diwedd. A finne'r bore hwnnw wedi sgrifennu siec am fil a hanner!

'A gweud y gwir, dwi wedi cael un job yn barod,' medde fi, 'ac wedi gorfod prynu partiau.'

'Faint wyt ti wedi'i wario?'

'Rhyw fil pum cant,' medde fi.

'Gei di fil,' medde fe, 'ac addewid y bydd y siec yn mynd drwodd yn iawn.'

A dyna sut digwyddodd hi, ac fe lwyddes i gael cyflog rywbeth yn debyg i'r hyn ro'n i'n ei gael pan o'n i'n gweithio yng Nghlarach. Ond do'n i ddim yn llawer o foi bunses bryd hynny ac roedd yr ochor honno i bethe yn dipyn o sioc i'r system. Roedd hyn yn dipyn gwahanol i dderbyn cyflog bob wythnos gan fod yn rhaid cofrestru gyda hwn a'r llall a dysgu wrth fynd ymlaen. Tawn i'n dechre 'to, fe fydde popeth yn wahanol iawn a finne wedi cael y profiad unweth. Ond fe fues i wrthi am flynydde, yn trwsio pob math o bethe.

Dwi'n digwydd credu y gallwch chi ddysgu bron bopeth eich hun ym maes technoleg, ac yn ddiweddar dwi wedi prynu *lathe* ac rwy'n cael gwersi ar sut i'w ddefnyddio oddi ar y we ac ar YouTube. Unweth dwi'n dysgu rhywbeth, dwi'n ei wybod am byth a dyna fe. Fe gofia i wedyn, ond gore'n y byd os bydd rhywun yn dangos i fi beth sy o'i le a pham. Mae hyn wedi bod yn werthfawr iawn i fi ar hyd fy oes, gyda fy hobïau a chyda ngwaith ar Radio Ceredigion a'r BBC.

Dwi wedi adeiladu bygi i Tomos, fy mab wythmlwydd oed, gan greu'r cynllun a phopeth sy'n rhan ohono, ar wahan i'r injan wrth gwrs – y ffrâm, y trac rods, yr olwyn lywio, popeth. Achos metal yw'r cyfan yn y diwedd, metal neu alwminiwm. Dwi'n tyfu tato adre ac mae trelar gen i a thanc arno i ddyfrio'r tato, ac mae'n drafferthus, felly dwi wrthi'n cynllunio pwmp i'w roi arno.

Pan wela i rywbeth sy'n sialens, dwi ddim yn fodlon nes y bydda i wedi llwyddo i ymateb i'r sialens a gwneud rhywbeth yn ei chylch. Roedd y bygi'n sialens, mae dreinio a walio a pheintio yn sialens. Ac mae dysgu trwy gamgymeriade'n bwysig, ym mhob cylch o fywyd, a nawr mae 'da Siân, fy mhartner busnes, a finne gaffi a siop sy'n gwerthu cynnyrch Cymreig, ryden ni'n dou yn y maes hwnnw hefyd yn dysgu trwy ein camgymeriade.

Pan fydd problem, fe ddalia i ati nes y bydda i wedi ei datrys. Roedd rhywbeth o'i le ar y bygi a fedrwn i yn fy myw ddeall beth. Ro'n i wedi blino ac yn flin ac roedd hi'n hwyr. Ond cyn mynd i'r gwely y nosweth honno, roedd yn rhaid i fi ddarganfod be oedd yn bod neu faswn i ddim yn cysgu'n dawel. Ac fe wnes, a mynd i'r gwely'n fodlon wedyn gan mod i'n gwybod beth oedd o'i le.

I Gardi, mae yna fantes fawr mewn gwneud rhywbeth eich hun, mae'n arbed arian! Fe dorrodd *bearing* y peiriant golchi yn ddiweddar ac roedd y person ges i afael arno i ddod i'w drwsio isie £150 am ddod mas, credwch neu beidio! Fe brynes i *bearing* ar y we am £5 a'i drwsio fy hun!

Yn ystod y cyfnod cynnar hwnnw fe fues i mewn cyfarfod yn Swyddfa'r Urdd yn Aberystwyth, cyfarfod i'r rhai oedd wedi dangos diddordeb mewn sefydlu gorsaf radio leol a rhoi Radio Ceredigion ar y gweill. Yna, yn nes ymlaen, fe ofynnwyd i griw pantomeim Theatr Felin-fach fod yn gyfrifol am raglen bore Sadwrn yr orsaf, a dyna sut y dois i i gyswllt go iawn â'r orsaf a gydag un o'i rhaglenni, a dyna ddechre pethe i fi ym myd darlledu.

Pennod 2

O'r garej i'r portacabin

Do'n i ddim yn siŵr be oedd yn digwydd yn iawn pan ddaeth Radio Ceredigion i gysylltiad â'r rhai oedd yn rhedeg Theatr Felin-fach a gofyn iddyn nhw lunio peilot i raglen wythnosol, ond fe gefes fy hun mewn cyfarfod yn ceisio rhoi'r rhaglen at ei gilydd. Roedd Euros Lewis, Elin Jones yr Aelod Cynulliad, Menna Jones, Anwen James, a sawl un arall ohonon ni yn y cyfarfod, ac fe aethon ni ati i feddwl be oedden ni'n mynd i'w wneud. Fe naethon ni gynllun o raglen dros baned a wedes i ar y pryd taw mhrif ddiddordeb i oedd peirianne, mod i isie bod tu ôl i'r ddesg ac nid o flaen y meic. A fel'ny ddigwyddodd hi ar y dechre, fe gafwyd rhywun arall i gyflwyno ac fe naethon ni beilot. Doedd dim lot o siâp ar y rhaglen; a gweud y gwir, doedd dim lot o siâp arnon ni, criw *ad hoc* fel ag yr oedden ni!

Rhaglen drafod oedd hi – trafod beth roedden ni wedi bod yn ei wneud yn ystod yr wythnos a thrafod y papure, ac yna cynnwys ambell gân, dyna'n fras ei fformat. Fi oedd yng ngofal y caneuon, ac ymhen rhai wythnose, y fi oedd yn dewis y caneuon hefyd, ac fe fydde'r cyflwynydd yn gofyn pa gân oedd nesa a finne'n gweud wrtho ac fel hyn, o gam i gam, y des i i reoli pethe ar y rhaglen. Ymhen y mis diflannodd y cyflwynydd gwadd a chafwyd neb yn ei le, a fi oedd yn gorfod cyflwyno wedyn, y fi oedd wedi mynnu taw y tu ôl i'r ddesg ac nid o flaen y meic ro'n i'n dymuno bod!

Roedd mwy i'r rhaglen, *Bant â Ni,* na chyflwyno recordiau; roedd yn rhaid siarad gyda gwesteion y rhaglen hefyd, ac yn fuan iawn fe ddes i i fwynhau pob munud o hynny. Wrth gwrs, gwaith gwirfoddol oedd y cyfan ar y dechre, ond roeddwn i wrth fy modd yno ynghanol y peirianne a phopeth. Fe fyddwn i'n gwirfoddoli i wneud pethe gan mod i'n nabod pawb oedd ynghlwm â'r fenter, ac roedd Siân, fy mhartner busnes i erbyn hyn, wedi gadael coleg a dechre gweithio yno. Ac o'n i a Siân yn dod mlaen yn dda; roedd hi'n blaen ei thafod ac yn gweud ei gweud ac fe wyddech yn gywir ble roddech chi'n sefyll gyda hi. Ro'n i'n mynd mas gyda'r OB (*Outside Broadcast*) a gwneud popeth oedd ei angen, ac yn fuan iawn ro'n i'n treulio mwy o amser yno nag yn y garej adre.

Mi fues i'n gwneud hyn am tua dwy flynedd gan dreulio mwy a mwy o amser yn y ganolfan radio a llai a llai yn y garej. Ro'n i'n gwneud popeth – rheoli a chyflwyno, yn *jack of all trades* go iawn achos ro'n i'n galler trwsio'r peirianne hefyd. Yn y diwedd, ges i gynnig job rhan-amser yno, ac fe es i adre a gweud mod i'n dechre gweithio o ddifri i Radio Ceredigion ac yn mynd i bacio'r garej lan. A dyna wnes i yn y diwedd. Doedd yr arian ddim yn dda; wel, doedd dim arian i'w gael 'na. Ro'n i'n rhan-amser yno ar y dechre ac yn meddwl y gallen i reparo ceir yr un pryd. Ond ro'n i wedi dwlu ar y lle, ro'n i'n ffaelu cadw o'na, chi'n gweld. Doedd Siw, 'y ngwraig i ar y pryd, na'r teulu ddim yn hapus iawn achos doeddwn i ddim yn ennill llawer o gyflog. Ond dyna be wnes i, ac fe aeth y job tri diwrnod yn job saith diwrnod yn fuan iawn. Roedd yr arian yn brin yn anffodus, ac roedd ceisio cael pobol i fuddsoddi a chael nawdd i radio fasnachol yn anodd dros ben.

Roedd pobol wrth eu bodd gyda Radio Ceredigion, ac roedden ni wrth ein bodd yn gweithio yno, yn teimlo'n rhan o'r gymuned, ond roedd yr ochor ariannol yn stori arall.

Ond jiw, geson ni sbort! Cyn inni symud i mewn i'r hen Ysgol Gymraeg yn Heol Alexandra, ger y stesion, roedden ni mewn hen portacabins ar yr iard, oedd yn safle adeiladu go iawn! Mewn portacabins oedd yn gollwng, cofiwch! Os oeddech chi wedi cael gwestai i mewn i'r stiwdio a hithe'n glawio, roedd rhaid gweud wrtho fe neu hi am symud draw yn nes at y meic gan fod y glaw yn dod i mewn. Hen stiwdio symudol oedd hi, wedi bod gan ryw orsaf radio yn rhywle, dim llawer o beth ond yn gwneud y tro ar y pryd!

Dwi'n cofio lori neu ryw JCB y tu fas yn bwrw'r cebl lectric, a phan fydde llwyth o swnd yn cael ei ddadlwytho ar yr iard, roeddech chi'n clywed y sŵn ar y radio. Ond jiw, ddysgon ni lot yno. Roedd y bobol ryfedda'n dod yno i wneud gwahanol bethe, lot yn fyfyrwyr a lot ohonyn nhw'n symud mlaen yn y busnes. Dwi'n cofio Susie Smith aeth ymlaen wedyn i fod yn un o sgriptwyr *Brookside*, ac Oliver Hides o Aberystwyth sy'n enw mawr ar Radio Wales, Alun Thomas wedyn, gohebydd Radio Cymru, a fi wrth gwrs!

Un arall oedd Aled Haydn Jones, crwt ysgol ddaeth aton ni i helpu. Bachan hyderus tu hwnt gyda'i ddesg ei hunan ac AHJ wedi'i argraffu ar gerdyn arni, ac roeddwn i'n meddwl am sbel ei fod e'n aelod o'r staff! Fe oedd yr unig un ohonon ni bryd hynny oedd yn deall cyfrifiaduron. Fe aeth i Lundain a chnocio dryse, gan gynnwys drws Radio 1, a chael swydd 'da nhw. Roedd golwg swil arno fe ond eto roedd e'n llawn hyder.

Rhyw bedwar neu bump ohonon ni oedd yn rhedeg Radio Ceredigion, ac o'r herwydd roedden ni'n gorfod gweithio'n galed: casglu hysbysebion, trefnu rhaglenni, popeth – rhedeg y cyfan.

Roedden ni'n gyfrifol am raglen ar fore Sadwrn a phob pnawn yn yr wythnos, a fi fydde'n ffonio pobol i gael sgwrs a thynnu coes ac ati. Os oedd dou'n priodi, bydden i'n eu ffonio ar fore Sadwrn, ar adeg anghyfleus er mwyn achosi trafferth iddyn nhw, a phethe digon diniwed felly. Yna, dechreuon ni fusnes y ciosg – gofyn lle roedd ciosg arbennig a rhoi cliwie a chael pobol i fynd i'r ciosg hwnnw os gwydden nhw pa un oedd e ac aros am alwad 'da ni o'r rhaglen. Cael syniad a'i weithredu heb orfod gofyn i neb am ganiatâd, dyna oedd yn dda yn y busnes yn Radio Ceredigion. Meddwl am syniad a'i mentro hi, ac yn fuan iawn fe gawson ni wared o'r ddelwedd oedd yn bod ar y dechre fod yn rhaid i bopeth fod yn berffeth. Na, pobol oedd yn bwysig, a doedden nhw ddim yn poeni am berffeithrwydd. Dim ots beth oedd safon y darlledu, clywed y bobol a phlesio'r bobol oedd yn bwysig. A dwi wedi dal at y gred ym mhwysigrwydd pobol byth oddi ar hynny. Oedd safon 'da ni, wrth gwrs, ond doedd dim isie poeni'n ormodol am hynny.

Dwi'n cofio cael rhywun i ffonio'r rhaglen wrth wneud naid bynji! Roedd digwyddiad o'r enw Sblash yn cael ei gynnal gan y Ffermwyr Ifanc ym Mhontrhydfendigaid, diwrnod o chwaraeon a digwyddiade o bob math, gan gynnwys naid bynji, a dyma berswadio un o'r aelode – Ifan Maeslyn, Tregaron – i fynd â'r ffôn bach 'da fe wrth wneud y naid a siarad gyda ni ar y rhaglen wrth neidio. Fe wnaeth ac roedd yr *impact* yn anhygoel; trueni nad yw'r tâp ar gael heddiw.

Ni oedd y cynta i ddefnyddio'r ffôn ar gyfer sylwebu a chyflwyno adroddiade ar gême pêl-droed. Doedd neb arall yn meddwl ei ddefnyddio i hynny ar y pryd, ni oedd y cynta. Ni oedd yr arloeswyr.

Dwi'n eitha cyfforddus gyda chwaraeon yn gyffredinol, ond ddim gyda phêl-droed. Pan o'n i'n Ysgol Tregaron roedd gan bawb ei dîm, gyda Manchester United ar ben y rhestr wrth gwrs. Roedd yn rhaid i finne ga'l tîm er mwyn bod yr un fath â phawb arall, ond ro'n i isie bod yn wahanol hefyd. Felly fe benderfynes i gefnogi tîm oedd ddim yn boblogaidd gan y mwyafrif, a dyma edrych ar y rhestr a gweld enw Tottenham Hotspur, a meddwl ei fod yn enw da. Doedd dim syniad 'da fi lle roedd y tîm yn chware na sut record oedd 'da nhw fel tîm, ond fe es amdano!

Geraint Davies – llefarydd undeb yr athrawon NAS/UWT wedyn – oedd yng ngofal chwaraeon yr orsaf bryd hynny, a bu'n gadeirydd Radio Ceredigion ar un adeg hefyd. Dydd Sadwrn oedd y diwrnod pwysig i chwaraeon, ac roedd yr orsaf yn darlledu pnawn cyfan o raglenni ac os bydde rhywun o'r criw yn mynd i weld gêm bydde fe'n gweud: 'Cer â ffôn 'da ti a gwna adroddiad i fi.'

Un pnawn Sadwrn a rhai mwy addas na fi ddim ar ga'l, dyma ofyn i fi:

'Gwranda, Geraint, gwna ffafr â fi, cer lan i'r Bont i'r gêm bêl-droed i roi adroddiad i fi.'

'Na,' wedes i. 'Amhosib, dwi'n gwybod dim am bêl-droed.'

'Paid poeni, fe fyddi di'n iawn. Dim ond rhyw funud fydd isie, jyst gweud be sy'n digwydd ar y cae.'

Gwae fi, fe gymres fy mherswadio a mynd lan i Bontrhydfendigaid, oedd ddim yn bell i mi gan mod i'n byw yn Lledrod. A dyna'r diwrnod mwya niwlog weles i rioed. I gael y ffôn i weithio ar gae'r Bont roedd yn rhaid cael cebl o dŷ cyfagos ac ro'n i wedi trefnu hynny, cebl ar draws y ffordd i'r cae. Yn anffodus roedd e'n rhy fyr; doedd e ddim yn cyrraedd yn bellach na chornel y cae, ac fe steddes i'n fanno, ond gan fod cyment o niwl o'n i ddim yn gweld y chwaraewyr!

A dyma Geraint ar y ffôn.

'Gwranda,' medde fe, 'gwna adroddiad bach i fi.' Ac roedd e'n gyfrwys, chi'n gweld. 'Gwranda,' medde fe, 'rwy 'di colli rhywun a rhaid iti lenwi chwarter awr i fi.'

Atebes inne: 'Mae cyment o niwl yma, dwi ddim yn gweld y chwaraewyr, a tasen i'n eu gweld bydden i ddim yn eu nabod nhw tabeth!'

Ond fuo raid i fi weud rhywbeth a'i wneud e lan wrth fynd ymlaen. Ro'n i'n gweud y pethe rhyfedda. 'Mae hi'n niwlog iawn yma, dwi ddim yn galler gweld llawer, ond dwi'n credu bod Bont ar y blaen.' Pethe fel'na, ond dwi ddim yn meddwl bod recordiad o'r achlysur hwnnw ar gael! Gobeithio ddim, beth bynnag! Roedd hi'n bnawn Sadwrn gwlyb, oer, niwlog a diflas, a fues i ddim yn sylwebu ar yr un gêm bêl-droed byth wedyn!

Un pnawn fe gafodd Siân a fi ein hanfon i rasys Tregaron, a'r gofyn yr un peth eto – roedd isie adroddiade yn ystod y pnawn. Mae diwrnod rasys Tregaron yn ddiwrnod mawr, ac roedd ffôn bach 'da ni erbyn hyn, ond doedd e ddim yn un da iawn. Tua 1996-97 oedd hi, a doedd dim signal lawr ar bwys y trac. Felly roedd yn rhaid mynd lan y banc ryw ganllath neu fwy o'r trac i gyflwyno adroddiad bob hyn a hyn. A dyma benderfynu y bydde Siân a fi'n mynd bob yn ail i roi adroddiad er mwyn inni ga'l joio 'bach. Fi'n mynd i ddechre a Geraint yn cysylltu ac yn rhoi'r ciw, a finne'n dechre arni: 'Dyma ni yn rasys Tregaron, mae hi'n ddiwrnod braf ac yn ddiwrnod mawr yn Nhregaron.' Ac wedyn Siân ymhen rhyw awr wedi 'ny, a fel'ny bob yn ail. Yn y cyfamser roedden ni'n treulio'n pnawn yn y bar ac yn joio gyda'r bobol leol. Fel roedd y pnawn yn mynd yn ei flaen, doedd yr un ohonon ni'n dou'n sylweddoli ein bod ni wedi cael 'bach gormod i yfed.

Roedd enwe'r ceffyle 'da ni ond doedden ni ddim yn eu nabod. Mewn un ras doedd ond pump yn rhedeg a doedd dim syniad 'da ni o enw'r enillydd, felly dyma enwi'r cynta ar y rhestr!

Erbyn inni wneud yr adroddiad nesa roedd rhywun wedi ffonio Geraint Davies yn y stiwdio a gweud: 'Smo i'n gwybod ym mha rasys mae Geraint Lloyd, ond doedd y ceffyl enillodd ddim yn rhedeg!'

Ac medde Geraint Davies ar y radio: 'Dy'n ni ddim yn mynd 'nôl i rasys Tregaron y pnawn 'ma achos dwi'n meddwl bod y mwynhau wedi cymryd drosodd.'

Ond fuo dim *comebacks* a fuon ni ddim ar y carped. Gwirfoddoli oedden ni a dyna sut roedden ni'n cael pobol i weithio: 'Ewch i ŵyl y Cnapan a joio a rhoi adroddiad i ni' – y math yna o beth.

Roedd llawer o dynnu coes yn digwydd, wrth gwrs, ac roedd yn rhaid i chi fod am eich bywyd rhag i chi gael eich dal gan rywun.

Un nosweth rhwng hanner awr wedi naw a deg o'r gloch, dyma alwad ffôn. A rhyw Gog oedd ar y ffôn, a do'n i ddim yn cael llawer o alwade gan y rheini. A dyma fe'n gweud taw Aled Glynne Davies oedd ei enw a'i fod yn Olygydd Radio Cymru. 'O ie,' medde fi'n ofalus, yn meddwl yn siŵr fod rhywun yn tynnu nghoes i nawr. A 'ma fe'n gweud ei fod e'n aildrefnu rhaglenni Radio Cymru ac yn cynnig swydd i fi. Wel, chi'n gwybod fel mae hi, chi ddim yn cael galwade ffôn fel hyn, y'ch chi?

'Ie, ie,' wedes i, yn dal i gredu bod rhywun yn tynnu coes.

'Dwi am i chi gyflwyno rhaglen bob min nos, saith tan wyth,' medde fe.

'Ie, ie,' wedes i wedyn, yn coelio dim roedd e'n ei weud. 'Wna i feddwl am y peth, oes 'da chi rif ffôn?' Ac fe roddodd rif ffôn i fi, ac erbyn gweld rhif Caerdydd oedd e.

'Meddyliwch am y peth,' medde fe, 'a dowch yn ôl ata i.'

Dyma roi'r ffôn i lawr a dechre meddwl pwy oedd wedi bod yn windo fi lan nawr. Wel, roedd Siân wedi cael swydd gyda Radio Cymru erbyn hynny, fel ymchwilydd yn Aberystwyth, a dyma fi'n ei ffonio hi.

'Gwranda,' medde fi, 'mae rhyw foi wedi fy ffonio i'n gweud ei fod e isie i fi weithio i Radio Cymru, a dwi'n ame bod rhywun yn tynnu nghoes i.'

'Beth oedd e'n gweud oedd 'i enw fe?' holodd hi.

'Aled Glynne Davies,' medde fi.

'Bòs Radio Cymru!' medde hi.

Ac fe sylweddoles nad oedd neb yn tynnu nghoes i, a dyma ffonio 'nôl yn syth a gweud bod gen i ddiddordeb. A dyna sut ges i job ar Radio Cymru ac rwy'n dal 'na! Dyna'r patrwm ar hyd yr amser – dim trio am swydd, dim cyfweliad; na, dim ond mynd o job i job heb erioed geisio am yr un.

Stiwdio sych o'r diwedd

ER MOD I'N gweithio i'r BBC gyda *Rhaglen Geraint Lloyd*, do'n i ddim yn gyflogedig gan y Gorfforaeth, a fues i erioed yn uniongyrchol gyflogedig ganddi. Roedd hyn yn wahanol i sefyllfa Siân, yr ymchwilydd, a'r cynhyrchydd Menna Medi, hithe hefyd wedi'i lleoli yn Aberystwyth ar y pryd. Roedden nhw ar y staff ond do'n i ddim. Smo cyflwynwyr ar y staff, smo nhw'n gyflogedig; mae pob un yn hunan-gyflogedig ac yn ffri-lansio, ac fel'ny ro'n i.

Y sioc fawr oedd mynd o Radio Ceredigion, lle ro'n i'n cael gwneud fel y mynnwn i, a mynd i'r BBC, lle roedd yn rhaid gwrando ar y cynhyrchydd! Mi fyddwn i'n tynnu'n groes o hyd ar y dechre, a dwi'n siŵr eu bod nhw'n meddwl – pwy yffach ydi'r boi 'ma sy isie'i ffordd ei hun ac yn deall dim am strwythur y BBC? Do'n i ddim yn gyfarwydd â phobl y BBC, a doedden nhw ddim yn gyfarwydd â fi chwaith. O'n i'n arfer golygu fy hunan a ffonio pobol lan, ond smo cyflwynydd yn gwneud hynny gyda'r BBC. Mae pobol eraill i'w cael i wneud hynny. 'Wnawn ni eitem gyda'r Ffermwyr Ifanc heno, mae peth a peth ymlaen... Ffonia i hwn a hwn nawr,' – fel 'na oedd hi'n gweithio gyda Radio Ceredigion, ond ddim gyda'r BBC. O na!

Ro'n i tua tri deg saith erbyn hyn ac roedd gweithio i gyfundrefn anferthol fel y BBC ar ôl blynydde gyda Radio Ceredigion yn newid mawr. Dwi 'di byw yng Ngheredigion erioed, yn eitha cartrefol, a heb fynd odd'ma gymaint â hynny, ond bellach roedd rhaid mynd yn weddol amal i gyfarfodydd yng Nghaerdydd i gwrdd ag Aled Glynne a rhai eraill i drafod y rhaglen o dro i dro. Dwi'n eu cofio nhw'n gofyn i fi unweth oedd gen i syniade am bethe i'w cynnwys yn y rhaglen, a dyma finne'n sôn am y ciosg. Tawelwch! 'Be'n union ti'n feddwl?' holodd un. A dyma fi'n gweud – 'Rhoi cliw yn ystod rhaglenni'r bore am giosg a chliw arall yn y pnawn, eu hailadrodd wedyn ar 'yn rhaglen i a falle ychwanegu cliw arall; yna nodi amser pan fydden ni'n ffonio'r ciosg i weld oedd rhywun yno i ateb, ac anfon model bach o giosg yn wobr i'r un oedd wedi ateb y ffôn bob tro.'

Roedd Menna Medi yn y cyfarfod ac yn trio bod mor ddiplomataidd ag oedd modd, achos roedd llawer un yn amheus iawn o'r syniad. Ond roedd Aled Glynne yn gefnogol. 'Falle'i fod e'n gweithio yng Ngheredigion,' medde rhywun, 'ond weithith e byth drwy Gymru gyfan.' O'n i ddim yn deall hynny – beth oedd y gwahanieth rhwng lleol a chenedlaethol mewn mater fel hyn?

Ond, fel y dwedes i, roedd Aled Glynne Davies yn fodlon rhoi cynnig arni. 'Triwn i o,' medde fe, 'am dair wythnos i fis i weld sut mae o'n gweithio.' Felly fu, ac fe barhaodd am saith i wyth mlynedd nes i'r BBC orfod rhoi stop ar gystadlaethau pan ddifethodd Jonathan Ross bethe i bawb!

Roedd hi'n rhaglen bum nosweth yr wythnos, ond am bedair noswaith y bydde un ciosg yn para. Roedd wyth cliw i'r ciosg, dou bob dydd, y cynta ar raglen yn y bore a'r ail ar raglen y pnawn, a'u hailadrodd wedyn ar ddechre rhaglen y nos. Yna, am hanner awr wedi saith ar y dot, ffonio'r ciosg. Os bydde rhywun yno ar y nosweth gyntaf, bydde'n ennill ciosg ac fe fydde ciosg newydd dranno'th. Os na fydde, y diwrnod canlynol bydde dou gliw arall a dilyn yr un drefen, ac fel'ny bob dydd nes bydde rhywun wedi dod o hyd i'r ciosg. Ond os nad oedd neb wedi dyfalu pa giosg oedd e erbyn y bedwaredd noswaith, fi oedd yn ennill, a bydde'r gystadleuaeth yn ailddechre'r nosweth ganlynol gyda chiosg newydd.

Roedd cliwie'r diwrnod cynta yn rhai cyffredinol, rhywbeth fel: 'Mae'r ciosg heno ger y môr' a 'heb fod ymhell o'r ciosg mae gwesty sydd â chysylltiad â Llundain' (e.e. Aberystwyth a Gwesty'r Richmond). Ond er mor gyffredinol oedd y cliwie ar y dechre mae'n syndod cymaint oedd yn dod o hyd i'r un cywir ar y nosweth gynta, a dim ond rhyw bum gwaith y methwyd yn llwyr â dod o hyd iddo – ciosgs ar y gororau gan amla, yn y Drenewydd a llefydd felly. Fe ddois i ddeall bob yn dipyn hefyd fod llawer o bobol yn mynd i'r ciosgs anghywir, achos fe fydde rhai'n fy ffonio a gweud: 'Mae hwn a hwn yng nghiosg lle a'r lle. Ha, ha!' Ac roedd tipyn o dynnu coes yn digwydd hefyd. Syniad syml oedd e, ond syniad oedd yn gweithio, yn ffordd o glymu rhaglenni wrth ei gilydd ac yn mynd â'r rhaglenni i wahanol ardaloedd a chodi diddordeb pobol leol yn y rhaglen mewn gwahanol froydd. Roedd e'n gyfle i fi fynd o gwmpas y wlad hefyd i whilo ciosgs a gosod y cliwie!

Helfa drysor oedd hi mewn ffordd, a chliwie tebyg i rai helfa drysor roedden ni'n eu rhoi, a bydde Siân a fi'n mynd i'r gwahanol ardaloedd i gael enwe tai a phethe. Roedd ciwie'n ffurfio mewn ambell le, ac ambell un, falle, yn cael sioc ei fod ar y radio, os oedd e'n digwydd pasio'r ciosg a neb yno, a chlywed y gloch yn canu a mynd i'w hateb!

Dysgu trwy brofiad ydi hi yn y BBC, a dyna wnes i. Does dim hyfforddiant i'w gael, dim ond esiampl ac arweiniad rhai hŷn na chi. Pan fydda i'n clywed gohebwyr yn siarad gyda phlant y tu ôl i'r llwyfan mewn steddfode fel Steddfod yr Urdd, fe fydda i'n cofio cael fy nysgu, fy rhoi yn fy lle yn wir gan Dei Tomos unweth. Roedd e'n ddarlledwr profiadol ac yn un o'r rhai y byddech chi'n edrych i fyny ato. Steddfod Llambed oedd hi, ac un o'r troeon cynta i fi holi plant ar y radio:

'Be 'di d'enw di 'te?'

'Daniel.'

'Daniel, ife?'

'Ie.'

'O ble ti'n dod?'

'Llanfair-pwll.'

27

'Llanfair-pwll ife?'

'Ie.'

Cwrdd â Dei ar siawns drannoeth, ac roedd e wedi digwydd 'y nghlywed i'n darlledu, ac fe ges i'r wers gynta ganddo.

'Fe glywodd y gwrandawyr Daniel yn dweud beth oedd ei enw, ac o ble roedd o'n dod. Doedd dim rhaid i ti ailadrodd popeth roedd o'n ei ddweud.'

Ymlaen wedyn at fy nghwestiwn nesa i'r bachgen:

'Ble ti'n sefyll 'te?'

Golwg ddryslyd ar wyneb Daniel.

Sylw Dei: 'Roedd o'n sefyll o dy flaen di. Ddylet ti fod wedi gofyn iddo fo ble roedd o'n aros.'

A dyna'r wers am fod yn ofalus wrth ddefnyddio tafodiaith wedi'i dysgu!

Mae'n rhaid i'r BBC ddefnyddio hyn a hyn o orie o raglenni o'r sector annibynnol ac yn 2006 roedd *Rhaglen Geraint Lloyd*, oedd yn cael ei darlledu am 6.30 bob nos, yn un o'r rhai a roddwyd allan i dendr. Fe welodd Siân a fi gyfle i ffurfio cwmni a rhoi cais am y tendr. Dwi wedi byw yng nghysgod y Mynydd Bach erioed ac mae Siân yn dod o Dregaron, felly roedd yn naturiol inni alw'r cwmni yn 'Mynydd Bach'. A fuon ni'n ddigon ffodus i ennill y tendr!

Doedd ein ffordd o weithio ar ôl sefydlu'r cwmni'n ddim gwahanol i'r hyn oedd yn digwydd o'r blaen, dim ond ein bod ni'n cael 'bach mwy o bres achos roedden ni'n cael cyllideb, ac yn gallu dewis gwario ar bethe roedden ni'n moyn, cystadlaethau a phethe fel'ny. Ac mae cael cyllideb fel hyn wedi gweithio tan leni.

Fel y dwedes i, lan hyd 2006 roeddwn i jyst yn gweithio ar fy liwt fy hun gyda Siân ar y staff. Cytundeb blwyddyn ar y tro oedd gen i, cytundeb am hyn a hyn o orie am hyn a hyn o ddyddie. Ac felly roedd pethe'n gweithio hyd y newid yn 2006.

Ar ôl ffurfio'r cwmni roedden ni wedyn, Siân a fi, yn gyflogedig ganddo er taw ni'n dou yn unig oedd y cwmni. Y cwmni, wedyn, oedd yn cael ei gomisiynu i wneud y rhaglen.

O ran be roedden ni'n ei wneud, doedd dim byd wedi newid; technegol oedd y newid i gyd a doedd y gwrandawyr ddim callach fod dim byd yn wahanol i arfer. A fel'ny mae hi wedi bod oddi ar 2006 tan fis Hydref 2012, y cwmni'n cael ei gomisiynu i wneud rhaglen a'r BBC yn talu'r cwmni, a'r cwmni'n ein talu ni. Y cwmni sy biau'r siop a'r caffi yn Aberystwyth hefyd, ond mwy am hynny eto.

Pan fu'n rhaid i Jonsi adael yn ddisymwth, fe ofynnwyd i fi wneud rhaglen y pnawn gyda'r BBC yn cynhyrchu, felly ro'n i 'nôl ar fy liwt fy hun ac nid trwy Gwmni Mynydd Bach. Felly, doedd gan Siân ddim byd i'w wneud gyda'r rhaglen, Bangor oedd yn cynhyrchu. Ond y cwmni, sef ni'n dou, oedd yn cynhyrchu rhaglen y nos ar Radio Cymru tan 1 Hydref 2012, y rhaglen yr oedd Eleri Siôn yn ei chyflwyno. Y cwmni oedd yn gwneud y cyfan ynglŷn â'r rhaglen honno ar wahân i ddewis cyflwynydd. Dyna ffordd y BBC o weithio. Pan fyddan nhw'n gosod rhaglen mas i gwmni, maen nhw'n cadw ac yn gweithredu'r hawl i ddewis y cyflwynydd, i ddewis yr hyn maen nhw'n ei alw'n *talent on air*. Ac mae hynny'n gwneud sens. I'r gwrandawyr a'r cyhoedd yn gyffredinol, rhaglen y BBC ydi hi, er taw ni neu ryw gwmni arall sy wedi'i chynhyrchu ac yn gyfrifol amdani. Fe gawn ni awgrymu pobol i gyflwyno, ond 'da nhw mae'r hawl terfynol i wneud y penderfyniad.

* * * * * * *

Ers mis Ebrill eleni Cwmni Mynydd Bach sy'n llwyr gyfrifol am raglen Dai Jones – *Ar Eich Cais*. Cyn hynny, er 1998/99 dim ond cynhyrchu roedden ni, ond 'da ni mae'r contract nawr. Ond allwn ni ddim rhoi rhywun arall i gyflwyno yn lle Dai Jones hyd yn oed tasen ni isie gwneud hynny, gan taw fe yw'r *talent on air*.

I fi, pan oeddwn i'n ifanc, Dai Berthlwyd oedd Dai Jones, rhyw ffarmwr oedd yn canu ar hyd lle, a wyddwn i ddim neu do'n i ddim yn ymwybodol ei fod e'n ganwr o fri ac wedi ennill

29

y Ruban Glas yn yr Eisteddfod Genedlaethol. Falle'i fod e'n byw yn rhy agos i fi imi sylweddoli ei fod e'n enwog. Wedyn, ei nabod fel arweinydd Clwb Ffermwyr Ifanc Llanilar, gan fod y clwb hwnnw a Lledrod yn gystadleuol iawn yn erbyn ei gilydd. Yna, wrth gwrs, fe dda'th Siôn a Siân ac roedd e'n wyneb cyfarwydd yn genedlaethol wedyn.

Ar y dechre, tan yn ddiweddar a gweud y gwir, Siân, fy mhartner busnes, oedd wrthi fwya gyda'r rhaglen, Ar eich Cais, ond gan ei bod hi fwy gyda'r siop erbyn hyn, dwi wedi cymryd drosodd. Roedd y rhaglen yn cael ei recordo i lawr y lein yn Abertawe am flynyddoedd nes y newidiwyd hi i Aberystwyth, ac yn y stiwdio yno, ar fore Gwener gan amla, y caiff ei recordo erbyn hyn, a'i recordo fel tase hi'n rhaglen fyw – y caneuon i gyd yn cael eu chware a Dai yn darllen y ceisiade rhwng pob cân.

Mae pethe wedi newid dros y blynydde, ac yn enwedig yn ystod y flwyddyn neu ddwy ddwetha. Erbyn hyn mae'r rhan fwya o geisiade yn dod ar e-bost. Ry'n ni'n dal i gael llythyre, ond llawer iawn llai nag a fydde, dim ond rhyw 30% erbyn hyn, sy'n gwneud pethe'n llawer iawn rhwyddach o ran paratoi, a hefyd yn saffach. Mae llawysgrifen rhai pobol mor anodd i'w ddeall fel ei bod yn hawdd iawn cael enwe pobol yn anghywir, a'r enwe sy'n bwysig. Caiff y cyfan ei deipo mas, wrth gwrs, gan Anna fy ngwraig ar gyfer Dai, ond yn amal mae'n anodd cael yr enwe'n gywir. Os oes rhif ffôn ar y llythyr, fe fydda i'n rhoi galwad er mwyn sicrhau bod yr enw cywir yn cael ei roi ar y radio.

Mae angen o leia ddeunaw o geisiade ar gyfer pob rhaglen awr a hanner i fod yn saff, ugain os yn bosib. Ambell wythnos mae pethe'n dda, a falle bydd pymtheg o geisiade wedi dod a phob un yn gofyn am rywbeth gwahanol. Dro arall, falle gewch bum llythyr a phob un yn gofyn am Wil Tân! Ydi, mae e'n un o'r ffefrynne, unrhyw gân ganddo – yn enwedig 'Aelwyd fy Mam'. Ffefrynne eraill yw Triawd Menlli yn canu 'Ffrindiau', John ac Alun – 'Dyddiau Difyr', a'r fwya poblogaidd o'r cyfan – Treb yn canu 'Un dydd ar y tro'.

Hen ganeuon yw'r rhain, ond, yn rhyfedd iawn, yn amal nid pobol yn eu saithdegau a'u hwythdegau sy'n gofyn amdanyn nhw, ond rhai iau, ar achlysuron megis pen-blwydd priodas arian. A phan geir cais am gân i rywun sy'n naw deg oed, gan amlaf rhywun llawer iau sy'n cysylltu i wneud y cais. Mae'r amrywiaeth yn fawr.

Daw'r e-byst unrhyw adeg o'r wythnos, ac fe fydda i'n ceisio paratoi fel maen nhw'n dod. Ond mae'r rhan fwya'n dod ar ddydd Llun ar e-bost ac ar ddydd Mawrth trwy lythyr yn dilyn rhaglen nos Sul, ac yna ar e-bost ddydd Mercher a'r post dydd Iau yn dilyn yr ailddarllediad am 5.30 ar fore Mercher. O ran amseru rhaglen nos Sul, rwy'n rhannu'r awr a hanner yn hanner awr ac awr, gan fod y newyddion ar ben yr awr yn torri'r rhaglen yn ddwy ran. Mae'n haws i fi weithio felly gan mod i'n cael pethe i redeg yn rhwyddach. Gan mod i wedi arfer gwneud rhaglenni byw mae pethe'n dod yn reddfol i fi, a chydig iawn o waith golygu sydd yna i gael y rhaglen i ffitio'r amser.

Dyw'r hyn mae Dai yn ei weud ddim wedi'i sgriptio; y cyfan mae e'n ei gael yn ei law yw'r ceisiade, ac mae e'n darllen y rheini. Weithie dwi'n gorfod golygu a gadael rhywbeth mae e wedi'i weud mas, ac os gwna i hynny mae e'n sylwi'n syth, ac fe gaf i ei chlywed hi ganddo fe'r tro nesa! Mae gan Dai gof anhygoel, nid yn unig am yr hyn mae e wedi'i weud ar raglen, ond am bobol a llefydd, a hynny ymhell yn ôl i'r gorffennol. Fe fydd yn cofio pryd a ble mae e wedi cwrdd â phobol, a ble mae nhw'n byw. Mae mynd gyda fe yn y car yn addysg; fe fydd wedi gweud pwy sy'n byw bron ym mhob ffarm ar hyd y ffordd, waeth pa ran o Gymru y byddwn ni'n teithio ynddi.

Bore Gwener yw'r amser delfrydol i recordo o safbwynt y ceisiade. Rhaid recordo ambell raglen ar ddydd Mercher os yw Dai bant, a bryd hynny does dim digon o geisiade wedi dod i law a rhaid cynnwys caneuon llanw nas gofynnwyd amdanyn nhw er mwyn llenwi'r rhaglen.

Mae Dai wrth ei fodd yn gwneud y rhaglen ac yn gwrando ar y caneuon. Ambell dro, fodd bynnag, fe fydd ganddo fe stori i'w dweud neu hanes i'w adrodd, ac fe fydd wrthi tra mae'r gân yn cael ei chanu. Yna, stop a darllen y cyfarchiad nesa, ac wedyn ymlaen â'i stori o'r union fan lle y gadawodd hi. Ydi, mae cof Dai yn gweithio'n dda iddo fe ar bob achlysur!

Fe fydda i wedyn yn amseru pethe ar gyfer y darlledu a sicrhau bod y rhan gyntaf o hyd yn 29 munud – gwaith cymharol hawdd. Mae cyflwyniad cerddorol i'r rhan fwya o'r caneuon a gyda'r cyfrifiadur fe alla i symud y gân a chael llais Dai yn cyflwyno yn ystod bariau agoriadol y gân os bydd angen o safbwynt ennill amser. Mae tua awr o waith addasu a gwaith papur wedi i Dai fynd cyn bod y rhaglen yn barod i'w hanfon ar gyfrifiadur i Gaerdydd ar gyfer ei darlledu nos Sul.

Mae mwy o waith wedyn gyda'r ailddarllediad fore Mercher gan taw awr yw ei hyd, a'r awr yn cael ei rhannu gan y newyddion. Rhaid cael rhaglen 28 munud o hyd ar gyfer y rhan gynta a 26 munud ar gyfer yr ail, a rhaid cael 30 eiliad o slac ym mhob rhaglen. Amseru yw popeth ac, fel mae'n digwydd weithie, os bydd cân yn cael ei distewi cyn iddi ddod i ben ar ddiwedd y rhaglen, mae hynny oherwydd bod y newyddion oedd i fod yn ddou funud wedi cymryd dou funud a hanner. Mae amseru'n fater manwl iawn.

Fel arfer, dwi'n paratoi rhaglen fore Mercher ar ddydd Mawrth, ac rwy'n defnyddio'r hyn sy 'da fi o gyfarchion Dai ac mae'n syndod cymaint sy'n gwrando yn y bore bach. Mae nifer y ceisiade ddaw i mewn ar ôl bore Mercher yn dangos hynny. Fe fydda i'n ceisio cyfuno ceisiade hyd y galla i ar gyfer y rhaglen hon gan taw'r ceisiade a'r cyfarchion sy'n bwysig.

Mae paratoi'r ddwy raglen yn cymryd llawer o amser ond rwy'n mwynhau'n fawr gan taw rhaglenni cyswllt â phobol ydyn nhw, ac er bod llawer o'r caneuon yn rhai cyfarwydd mae rhywun yn dod ar draws caneuon newydd hefyd, rhai na fydde'n cael eu darlledu fel arall. Ambell waith fe gaf dâp caset – neu gryno-ddisg gan amla erbyn hyn – o rywun yn canu a chais i'w gynnwys ar y rhaglen. Fe wneir hyn os yw'n bosib, ac mae peirianne 'da fi sy'n galler glanhau a chael gwared o lawer o'r synau sy ar y tapie a'r cryno-ddisgie hyn.

Mae bod gyda Dai yn lot o sbort, fel y gallwch ddychmygu, ac er bod y rhan fwya o'r ceisiade yn rhai sy wedi eu llunio'n ofalus daw ambell un anarferol inni hefyd. Beth amser yn ôl cafwyd hwn: 'Côr meibion, os gwelwch yn dda, yn canu'r emyn sy'n sôn am Iesu Grist yn marw.' Ac un arall: 'Wil Tân yn canu am y trên, i Mam. Diolch, Mari.' Mae cyfeiriadau od ar y llythyrau ambell waith hefyd, ond mae'r postmyn, chware teg iddyn nhw, yn dod o hyd i'r lle iawn bob tro, hyd yn oed os taw 'Dai Jones BBC' neu 'Dai Llanilar' yn unig sy ar yr amlen. Ydyn, mae pawb yn nabod Dai, hyd yn oed bois y post, a does dim rhyfedd fod *Ar Eich Cais* yn un o raglenni mwyaf poblogaidd Radio Cymru.

****

Bydd pobol yn amal yn tynnu nghoes i a gweud nad ydw i'n gweithio mwy na dwyawr y dydd, gan taw dyna hyd fy rhaglen nos – rhwng deg a hanner nos. Y gwir ydi mod i wrthi'n gwneud rhywbeth trwy'r dydd bob dydd, ac mae'r wythnos yn rhannu'n ddwy ran gyda dyddiau Iau a Gwener yn wahanol i'r tridie cynta.

Mae Anna, fy ngwraig, yn codi am chwech ac yn gadael am ei gwaith am ddeng munud i wyth, finne'n codi am hanner awr wedi saith. Fe fydd Tomos eisoes wedi codi ac wrthi gyda'i bethe, wedi cael brecwast gyda'i fam. Fe fydda i'n mynd â fe i ben yr hewl i gwrdd â'r bws i Ysgol Rhos y wlad, Bronnant erbyn chwarter wedi wyth; yn gywir fel y byddwn i pan oeddwn i'n mynd i Ysgol Tregaron, fe fydd ynte'n sefyll ar ben yr hen stand laeth i aros am y bws, ac yn gofyn oedd Dad-cu'n gwneud yr un peth.

Fe gaf frecwast wedyn o uwd a thost, a rhwng galwadau ffôn a gwneud gwaith papur y siop a'r cwmni, tipyn bach bob dydd rhag iddo fynd yn ormod. Yna, i lawr i'r siop erbyn amser cinio ar dridie cynta'r wythnos gan taw amser cinio yw'r amser prysura yn y siop a'r caffi.

Fe fydd BBC Bangor yn cysylltu'n amal gan taw yno mae'r rhaglen yn cael ei chynhyrchu, a bydd Nia Lloyd Jones wastad yn ffonio am naw ar y dot ar fore dydd Llun i edrych yn ôl dros yr wythnos cynt ac i drafod yn gyffredinol yr wythnos sy'n dod. Yna, am hanner awr wedi deg ar ddydd Mawrth bydd trafodaeth dros y ffôn gyda'r tîm i gyd, fydd i mewn yn y stiwdio ym Mangor, trafodaeth fydd yn para awr gan amla.

Mae Tomos yn cael ei warchod ar ôl ysgol tan tua hanner awr wedi pump i chwech i ystod y tridie gan Petra Jones, sy'n gymhorthydd dosbarth yn ei ysgol yn Bronnant a gyda hi y bydd yn dod adre. Mae'r ddou'n ffrindie mawr. Un o'r ardal yw Petra ac roedd ei thad yn gyd-ddisgybl gyda fi yn Ysgol Lledrod. Fe fydda i adre erbyn tua chwech, ond ar ddyddiau Iau a Gwener, beth bynnag sy wedi digwydd yn ystod y dydd, dwi adre i dderbyn Tomos o'r ysgol. Yna, ar ôl swper bob nos, mae'n amser canolbwyntio ar y rhaglen, darllen yr e-byst o Fangor, gweld pwy yw'r gwesteion am y nosweth – tri fel arfer, ac ati. Mae rhyw fath o batrwm wedi'i sefydlu cyn belled ag y mae gwesteion yn bod: 'ar y map' un nosweth, sef ceisio dyfalu lleoliad person arbennig, aelod o gôr nosweth arall, un o fois y loris nosweth arall, rhywun sy'n gweithio tu ôl i'r bar mewn tafarn ar nosweth arall wedyn. Mae 'na ryw fath o batrwm ond ddim yn rhy set chwaith.

Fe fydda i'n darllen pethe ar y we ar gyfer cyflwyno ffeithie syml – diddorol, gobeitho – ar y rhaglen: penblwyddi ac yn y blaen. Yna am naw mi fydda i'n cysylltu gyda Bangor o'r stiwdio yn y tŷ. Nia Lloyd Jones sy'n cynhyrchu dair nosweth yr wythnos a Robin Owen Jones y ddwy nosweth arall. Ond falle taw'r aelode pwysica o'r tîm yw'r rhai sy'n ateb y ffôn, ac mae tîm da ohonyn nhw – pobol fel Geraint Evans, Zowie a Cadi Mai, sef y tri sy wrthi amlaf. Y nhw sy'n cysylltu'n uniongyrchol gyda'r gwrandawyr, yn siarad gyda nhw ac yn derbyn eu ceisiade. Yna, maen nhw'n rhoi'r negeseuon drwodd i fi ar y sgrin. Bydd yr holl offer a'r dechnoleg yn cael eu tsieco am naw, ac yna rhwng chwarter wedi naw a chwarter i ddeg mae'r stiwdio'n dawel ond rwy'n aros yno i baratoi fy meddwl ac edrych ar y newyddion er mwyn dala lan gyda'r diweddara sy'n digwydd. Yna, am chwarter i ddeg mae'r cyswllt ar gyfer y darlledu'n cael ei wneud a bant â ni o ddeg tan hanner nos.

Mae'r ddwyawr yn hedfan, ac ar ddiwedd y rhaglen mae'n cymryd tua hanner awr i fi gau popeth i lawr, cyn mynd i ngwely erbyn hanner awr wedi deuddeg gan fod hanner awr wedi saith y bore yn dod yn glou iawn.

Rwy'n lwcus fod 'da fi gymaint o ddiddordeb yn yr ochor dechnegol gan fod y stiwdio'n llawn o offer o bob math, yn gyfrifiaduron a meics a sgriniau a phopeth. Unwaith yr wythnos rhaid llwytho caneuon craidd y pum rhaglen i'r cyfrifiadur bach, a fi sy'n gwneud hynny, gyda Bangor yn llwytho'r ceisiade gan y gwrandawyr os nad ydyn nhw'n digwydd bod 'da fi. Mae'n llawer rhwyddach i fi lwytho os yw'r caneuon 'da fi, ac, wrth gwrs, fel mae amser yn mynd rhagddo mae fy masdata i'n cynyddu, a falle taw eithriad erbyn hyn, yn sicr ar rai nosweithie, yw imi fod heb gân arbennig. Mantais arall sy 'da fi ar ôl yr holl flynyddoedd gyda Radio Ceredigion a Radio Cymru ydi fod amseru'n dod yn ail natur i fi, yn reddfol bron. Amseru yw popeth gyda'r rhaglenni hyn, a dwi'n gwybod erbyn hyn faint o gyflwyniad cerddorol sydd i'r rhan fwyaf o ganeuon fel y galla i siarad dros y cyflwyniad ac mae hynny'n help i'r amseru.

Mae'r dyddie'n llawn ac os bydd cyfle fe gaf hoe fach rhwng saith ac wyth, gorwedd ar y soffa yn y stiwdio a chau fy llyged a rhyw hanner cysgu, yn enwedig ar nos Fercher. Am ryw reswm, dyna'r nosweth y bydda i wedi blino fwya. Ond yn ystod y rhaglen ei hun does dim blinder, mae'r adrenalin yn cwrso ac rydw i'n edrych ymlaen at y darlledu bob nos.

Pan mae ffigyre gwrando'n cael eu cyflwyno gan y gorfforaeth, fe gewch chi'r darlun cyffredinol a dyna'r cyfan. Dyna i chi'r adroddiad a gafwyd beth amser yn ôl fod ffigyre gwrando wedi gostwng – darlun cyffredinol oedd y gostyngiad. Nid mod i isie brolio, ond roedd ffigyre fy rhaglen i wedi codi – fel yr oedd rhai Marc Griffiths ar nos Sadwrn.

Mae tuedd i'r ffigyre ostwng, wrth gwrs, er bod y rhai a

ddilynodd yn dangos cynnydd. Ond dyw pethe ddim fel roedden nhw flynydde'n ôl, y'ch chi damed haws â chymharu, mae'r byd wedi newid: cymaint yn cael ei gynnig a digon o ffyrdd o wylio a gwrando a recordo, a dewis a dethol beth y'ch chi am ei weld a beth y'ch chi am ei glywed. Mae Radio Cymru yn gorfod byw mewn byd gwahanol iawn erbyn hyn, mewn byd lle mae'r chwyldro technolegol yn cynnig cymaint o wahanol ffyrdd i bobol allu gwrando a gwylio'u hoff raglenni. Mae amgylchiade'n effeithio ar nifer y gwrandawyr hefyd – eira yn beth da, haul yn gallu bod yn beth drwg. Pan fydd hi'n dywydd mawr mae'r radio'n gallu bod yn gwmni gan fod pobol yn teimlo'n unig, ac yn gallu cyfrannu gwybodaeth a chyngor hefyd, ac mae'n rhan o ddyletswydd radio i roi gwybodaeth, yn ogystal â chynnig adloniant wrth gwrs.

Y broblem fawr yw taw un orsaf yw Radio Cymru a rhaid iddi geisio bodloni pawb, o'r ieuengaf hyd yr hynaf, a bod yn bopeth i bawb. Tasg amhosib. Ac mae pobol ifanc yn sialens, ac yn her i bob gorsaf, gan gynnwys rhai Saesneg. Dyw gostyngiad yn nifer y rhai sy'n gwrando ddim yn broblem unigryw i Radio Cymru ac mae Radio 1 hyd yn oed yn cael trafferthion erbyn hyn. Mae plant a rhai hŷn na phlant yn gwrando am ryw ddwyawr lle bydden nhw'n arfer gwrando am lawer iawn mwy o amser. Does dim diffyg parch gan bobol ifanc at Radio Cymru, dyna fy mhrofiad i ta beth; maen nhw'n gwybod be maen nhw'n ei hoffi, ac yn gwybod ble i'w gael, ac mae i'w gael mewn sawl lle erbyn hyn. Mae yna nifer fawr o orsafoedd radio annibynnol ac erbyn hyn ma 'da rhai ysgolion hyd yn oed eu cyfundrefnau radio eu hunain, heb sôn am ysbytai a sefydliadau eraill.

Os yw plant ysgol wedi cael dos o gerddoriaeth Gymraeg yn ystod yr awr ginio, dydyn nhw ddim yn debyg o wrando ar raglenni fin nos Radio Cymru i glywed yr un gerddoriaeth. Na, maen nhw'n whilo am rywbeth arall mewn lleoedd eraill, gan gynnwys lawrlwytho i'w ffonau.

Yn y canol y mae mwyafrif gwrandawyr Radio Cymru, rhwng dou begwn – yr ifanc a'r hen. Pan fydda i'n sôn am fois y loris a'r bois sy ar dractors ar eu ffermydd yn ystod y dydd, mae pobol yn amal yn meddwl eu bod yn hen, ond dy'n nhw ddim – rhai canol oed ac ifancach ydyn nhw, ar y ffermydd gyda radio yng nghab y tractor, a'r un modd yn y loris. Mae hanner bois y loris dan ddeg ar hugain neu dan ddeugain yn sicr.

Ac mae bois y tractors yn iau – meibion ffermydd sy fynycha ar y rheini. Mae ambell un yn gwneud sbort a gweud nad oes neb yn gwrando ar Geraint ond bois y tractors. Falle wir, ond rhai ifanc ydy llawer iawn ohonyn nhw!

Mae'r radio'n gwmni, dyw teledu ddim, a ry'ch chi'n gallu gwrando ar y radio a gweithio yr un pryd. Allwch chi ddim gyda theledu. Dyna pam dwi'n hoffi gweithio ar y radio; dwi'n mwynhau siarad gyda phobol a dyna pam dwi'n cytuno gyda Rhodri Talfan Davies a'i ddatganiad diweddar. Dwi ddim yna i gywiro iaith pobol – fyddwn i ddim yn galler beth bynnag. Rhoi adloniant, gobeithio, a gadael i bobol ymuno yn y rhaglen a gweud eu gweud, dyna fel dwi'n ei gweld hi. Nosweth wael yw nosweth dawel pan nad oes neb yn ffonio, achos dwi'n mwynhau sgwrs gyda hwn a'r llall a thipyn o dynnu coes.

Ar y dechre, pan es i i slot y nos do'n i ddim yn edrych ymlaen, yn ofni nosweithie tawel. Ond erbyn hyn dwi'n edrych ymlaen achos mae pob rhaglen yn wahanol. Dwi ddim yn foi sy'n lico sgript a does 'da fi'r un; mae trefen yr hyn sy'n digwydd wedi'i osod ar bapur ond dim byd mwy, dim brawddege cychwynnol na dim. Cymryd pethe fel y dôn' nhw a dyna fe. I fi, mae'n fwy naturiol fel'ny.

Dwi'n cofio cyd-gyflwyno gyda rhai o gyflwynwyr Radio Cymru mewn steddfode – yn y maes carafanne falle, a rheini'n gweud:

'Dewch i ni gael ymarfer ymlaen llaw. Reit, Geraint, dechre di, sut wyt ti'n mynd i ddechre?'

'Wel, nosweth dda falle.'

'Ie, ond be 'di'r union eirie wyt ti'n mynd i'w dweud cyn trosglwyddo i fi!' Oedd, roedd yn rhaid sgrifennu popeth ar bapur, a gweithio'n gaeth i sgript fel'ny, ond nid dyna'n ffordd

i. Problem fawr sgriptio yw aros am y ciw o hyd. Dwi'n cofio cyd-gyflwyno rhaglen o ryw steddfod a finne wedi dechre arni ac fe ddigwyddodd rhywbeth, a dyma fi'n ymateb i hynny drwy ddweud rhywbeth ychwanegol. Ddaeth fy nghyd-gyflwynydd i ddim i mewn ac fe ymddiheurodd i fi wedyn. 'Sori na ddois i ddim i mewn ond ro'n i'n disgwyl am dy giw di!' Dyna'r drwg 'da sgriptio, rhaid cael y ciw bob amser. Finne'n bodloni ar weud: 'Jyst gwranda ac edrych arna i, ac fe edrycha i arnat ti pan fydd isie i ti ddweud rhywbeth!'

Dwi'n mwynhau'r radio a dwi isie i bobol wrando, isie i fwy o bobol wrando, a gweud y gwir. Mae sawl un wedi gofyn i mi pam nad ei di i gyfarfodydd i weud be sy ei angen? Wel, dwi'n credu bod Rhodri Talfan Davies ar y trywydd iawn wrth ofyn am farn pobol. Mae hyn wedi'i wneud o'r blaen, ond mae angen ei wneud yn fwy trylwyr, gofyn i fwy o bobol, y rhai y bydden i'n eu galw'n bobol gyffredin, nid dewis manne arbennig oherwydd eu bod yn ardaloedd Cymraeg. Cymerwch y bobol sy'n gwrando arna i yn y nos, does neb wedi gofyn iddyn nhw erioed. Ac mae 'na 300 o fois y loris yn perthyn i'r clwb, a does neb wedi gofyn iddyn nhw. Mae angen gwrando ar bobol. Fe fyddwn i'n cael llai o siom tase fy rhaglen i'n cael ei stopio am fod y gwrandawyr yn gweud eu bod wedi cael digon na bod rhywun yng Nghaerdydd yn penderfynu ei bod yn amser ei dwyn i ben. Mae fel rhedeg siop. Os nad yw'r cwsmeriaid yn dod i mewn am nad y'ch chi'n gwerthu'r cynnyrch iawn neu gynnyrch o safon, wel dyna fe, chi'n gwybod beth i'w wneud. Ond os oes rhywun yn dod i mewn o'r tu fas a gweud: 'Ni'n cau'ch siop chi,' wel dyw hynny ddim yn deg.

Mae isie gwrando ar y gynulleidfa a pheidio â bod yn rhy uchelgeisiol, falle. Mae'n anodd ar Radio Cymru achos fod yn rhaid i chi blesio pawb.

Fan hyn a fan draw

ROEDD GAN ALED Glynne weledigaeth cyn belled ag roedd radio yn y cwestiwn, ac un o'i syniade fe oedd mynd â'r radio ar daith anferth o gwmpas Cymru, ac roedd y ciosg yn chware rhan bwysig yn ystod y daith honno.

Rwy'n gweud taith anferth achos roedd sawl rhaglen yn cael ei darlledu o fannau arbennig bob dydd gan ddechre yn Abertawe. Rhaglen Hywel a Dei oedd un, finne â'n rhaglen oedd yn cynnwys y ciosg yn un arall, Kevin a Nia wedyn yn y prynhawn. Roeddwn i'n rhoi'r cliwie i'r ciosg yn y bore, ac yn mynd i'w leoliad erbyn hanner awr wedi tri bob dydd, tra oedden ni ar y daith, i weld pwy oedd wedi troi lan yno. Fi fydde'n ateb y ffôn pan oedd e'n canu ac wedyn yn cael sgwrs gyda phwy bynnag fydde wedi troi lan. Dyna oedd y drefen yn ystod y pythefnos teithiol, trefen oedd dipyn bach yn wahanol i drefen arferol y rhaglen. A chan mod i'n gwneud eiteme yn y bore i raglen gynnar Jonsi ac yn darlledu rhaglen nos o ble bynnag y bydden ni, roedd e'n ddiwrnod hir ac fe ddwedes mod i'n fodlon ei wneud e ar yr amod mod i'n cael cwmni. Doedd Siân ddim yn gweithio'r adeg honno, roedd hi ar absenoldeb mamolaeth gan fod ei merch Kate wedi'i geni, neu fi a hi fydde'n mynd gyda'n gilydd bob amser.

Ac fe wrandawyd arna i. Fe ges i ymchwilydd o'r de i fod gyda fi, un ar brofiad gwaith. Rhisiart Arwel oedd uwch-gynhyrchydd y sioe deithiol yr adeg honno ac fe ddwedodd y bydde'r ferch gyda fi am y pythefnos. Wna i ddim rhoi ei henw iawn iddi, fe'i galwn hi'n Gwen am y tro. Merch ifanc hoffus iawn oedd hi, newydd ddod mas o'r coleg.

Y diwrnod cynta roedden ni wedi bod yn rhywle, mewn rhyw gwm neu'i gilydd yn recordo ac wedi dychwelyd i Abertawe gan fod rhaglen amser cinio Hywel a Dei yn darlledu o'r sgwâr yng nghanol y dref. Roedd y ciosg y diwrnod hwnnw ym Mhen-dein ac roedd yn rhaid mynd yno'r pnawn hwnnw erbyn hanner awr wedi un gan taw dyna pryd y bydde'r rhaglen yn ei ffonio gan obeithio y bydde rhywun arall yno hefyd. Roedd angen y cliwie ar gyfer rhaglen Hywel a Dei, ond wrth fwyta'n cinio wrth fwrdd tu fas yn fan'no ar y sgwâr, dyma sylweddoli mod i wedi'u hanghofio nhw, wedi'u gadael yn y car. Felly, dyma anfon Gwen i'r maes parco i'w 'nôl nhw – maes parco oedd yn eitha gwag gyda llaw pan gyrhaeddes i yno. Fe aeth yn ufudd a dod yn ôl gyda'r cliwie a gweud ei bod am bicio i'r siope wedi iddi orffen ei chinio. Wel, doedd yr awr ginio ddim ar ben, felly doedd dim byd o'i le iddi fynd i siopa, ond fe siarsies i hi i ddod yn ôl erbyn chwarter i un gan fod isie cyrraedd Pen-dein erbyn hanner awr wedi un.

Roedd yr un oedd yn cynhyrchu'r diwrnod hwnnw yn arbennig o strict ac yn byw ar ei nerfe, ac roedd e'n dechre panico wrth weld Gwen yn hir. Ond fe ddaeth yn ei hôl yn brydlon, chware teg, a bant â ni am y car. Wrth gerdded i lawr y stryd, dyma fi'n holi lle roedd allweddi'r car.

'O,' medde hi, 'gadawes i nhw ar y bwrdd lle geson ni ginio.'

'O'r dwpsen,' medde fi, a dyma ruthro'n ôl a gofyn i'r rhai oedd yn dal ar ôl yno oedden nhw wedi gweld yr allweddi. Neb wedi gweld dim.

'Tria feddwl,' medde fi wrth Gwen. 'Gest ti frechdane i ginio?'

'Do,' medde hi. 'O, dwi'n cofio, rois i nhw yn y bag *sandwiches*.' Ac roedd hi wedi gadael y bag ar y bwrdd. Trwy lwc a bendith roedd Ann Fôn, un o'r criw darlledu, yn dal yno yn clywed hyn i gyd, ac fe holes i pwy oedd wedi clirio'r bwrdd a thaflu'r bag a'r sbarion.

'Fi,' medde Ann, a dyma fynd ati wedyn i dyrchu yn y bin

sbwriel a thynnu popeth mas, hen waith ych-a-fi, ond trwy drugaredd fe gafwyd hyd i'r allweddi.

Rhedeg i lawr am y car wedyn ac roedden ni'n hwyr erbyn hyn. Roedd y maes parco'n llawn ond dyma ffindo'r car a chychwyn oddi yno ar frys. Ond o'n blaen roedd *barrier* a hwnnw i lawr, a doedd 'da ni na thocyn na dim i'w godi. Roedden ni wedi parco yn y Ganolfan Hamdden ac roedd angen *token* i fynd mas. Dyma anfon Gwen i moyn un ac fe gafodd wybod taw dim ond y rhai oedd yn defyddio'r ganolfan oedd yn cael *token*. Ond chware teg iddi, ga'th hi afel ar ryw foi bach ac fe lwyddodd hi i berswadio hwnnw i roi un iddi. Falle fod gan ei sgert fer rywbeth i'w wneud â'i llwyddiant hefyd!

Bant â ni wedyn, a phan gyrhaeddon ni'r ciosg ym Mhendein roedd cloch y ffôn yn canu a'r rhaglen fyw'n cysylltu, ac roedd rhywun yno'n aros y tu fas. Wna i ddim dadlennu pwy oedd y Gwen ddi-syniad, ddeniadol yma, ond fe fydd yn cofio os darllenith hi hwn. Roedd hi'n groten ffein, yn gymeriad. Bydde hi'n dod i'r car a'r radio mla'n ac yn gofyn: 'What's this rubbish?' A hithe'n gweithio i Radio Cymru! Tynnu arna i oedd hi, dwi'n credu. Roedd hi yn siarad Cymraeg wrth gwrs, Cymraeg y de, ac ar y daith bythefnos hon y cwrddodd hi â'i gŵr!

Dwi'n cofio un digwyddiad arall ar yr un daith. Yr un patrwm eto, lleoliad drwy'r dydd a darlledu rhaglen nos o'r stiwdio agosa. Yn Cross Hands yr oedden ni ac Aberystwyth oedd y stiwdio agosa i'r lleoliad y diwrnod wedyn. Roedd Dafydd – 'Daf Du' fel y gelwid e bryd hynny, gyda ni, ac roedd e'n gorfod mynd o Gross Hands i Aber yn gynnar yn y pnawn. Roedd e'n berchen MG *convertible* a bant â fe gyda thipyn o steil a'r to i lawr. Yn ystod y pnawn fe dduodd yr awyr fel y nos ac fe ddaeth yn storm o fellt a tharane ac roedd hi cyn waethed, os nad yn waeth, fel roedden ni'n agosáu at Aberystwyth. Pan gyrhaeddon ni'r dre, beth oedd wedi'i barco y tu fas i'r stiwdio a'r to i lawr ond MG Daf. Heb ddim celwydd, roedd tua dwy fodfedd o ddŵr ynddo gan ei bod yn arllwys y glaw. Pan ddwetson ni wrth Dafydd, roedd e'n meddwl ar y dechre ein bod yn tynnu ei goes ond doedden ni ddim, a buan iawn y deallodd e hynny. Fe fu edliw'r digwyddiad hwnnw iddo am ddyddie os nad wythnose. Dyna y'ch chi'n ei gael am brynu car a thipyn o steil iddo fe! Ond roedd y storm yn un arbennig. Roedden ni i fod i ddarlledu drannoeth ar y prom yn Aberystwyth ond roedd hi mor wlyb nes bod rhaid inni newid ein cynllunie a mynd i Adeilad Parry Williams ar gampws y coleg.

Ond roedd yn benwythnos llwyddiannus, yn gorffen gyda chyngerdd yn Neuadd Ysgol Penglais, ac roedd y syniad – syniad Aled Glynne, yn un da: meithrin cynulleidfa i Radio Cymru trwy fynd â'r cyfrwng mas i gyfarfod â'r bobol, gyda Bangor a Chaerdydd yn gweithio gyda'i gilydd fel un. Dwi'n cofio hefyd taw un arall oedd yn dechre gweithio i'r cyfrwng bryd hynny ac yn eitha dibrofiad oedd Gareth Iwan, sy'n gorfod ymdopi gyda Tudur Owen erbyn hyn. Fe gafodd dynnu ei goes a'i drin yn annuwiol 'da ni ar y dechre, fel pob newyddian arall. Does dim cymaint o hynny'n digwydd nawr – pawb ym mhob cylch o fywyd wedi mynd yn rhy sidêt, am wn i!

Yn y job yma, mae'n hynod o bwysig bod yn agored i syniade newydd, a gweld cyfle am raglen neu ran o raglen ym mhopeth bron. Roeddwn i'n adnabod Bethan Dudley, y gantores, a'i theulu, ac roedd ei gŵr yn beilot ar Hercules, un o'r awyrennau mawr trwm sydd i'w gweld yn hedfan yn isel dros Gymru. Fe drefnodd John Dudley, tad Bethan, i fi gael mynd yn yr Hercules dros Geredigion. Rywbryd yn y nawdegau oedd hi a fydde'r peth ddim yn cael ei ganiatáu heddi, ond fe ddigwyddodd. Chwech ohonom oedd yn yr awyren: y peilot, sef gŵr Bethan, a pheilot arall, rhyw foi oedd yn cael ei hyfforddi ar y pryd, y boi oedd yn gyfrifol am y cargo yng nghefn yr awyren, tad Bethan a fi. Cychwyn o RAF Lyneham wnethon ni, a threulio dwyawr yn yr awyr a finne'n recordo ar gyfer y radio.

Roedd yr Hercules yn hedfan ryw 200 metr uwchlaw'r ddaear, a bob hanner milltir roedd hi'n newid cyfeiriad. Y rheswm am yr hedfan isel oedd dysgu'r un dan hyfforddiant sut i ddefnyddio map ordnans i weld ble roedd e'n mynd, a dyna oedd diben y daith y diwrnod hwnnw. Meddyliwch, hedfan awyren trwy ddarllen map ordnans!

Roedd hi'n anghyfforddus yn yr awyren a rhaid pwysleisio, er ei bod yn awyren fawr, fod y cocpit yn fach iawn a dim gwerth o le i ni ynddo fe, ond roeddwn i wrth fy modd. Croesi'r M4 yn ddigon isel i nabod lorïau Mansel Davies ac fel'ny ymlaen ac i Geredigion, dros Felin-fach a Lledrod ac Aberystwyth. Roedd e'n brofiad arbennig. Yna, i lawr yn is fyth, i 30 metr yn unig wrth fynd uwchben y dŵr yn Llyn Brianne a chodi'n sydyn wedyn i fynd dros y wal, a dyna pryd es i'n dost!

Y peth dwetha ddigwyddodd wrth inni ddychwelyd uwchben y maes awyr oedd i'r awyren blymio i lawr fel petai am lanio, y drws cefen yn cael ei agor a chrêt yn cael ei ollwng ar y tarmac cyn i'r awyren godi i fyny i'r awyr drachefn. Ymarfer delifro a chodi 'nôl i'r awyr fel bydden nhw mewn rhyfel, dyna oedd y diben. Roedd pŵer yr awyren wrth i'r pedair injan gael eu hagor mas yn anhygoel. Roedd e'n brofiad ffantastig, tost neu beidio!

* * * * * *

Un o agwedde mwya poblogaidd fy rhaglenni yw 'bois y loris'. Aethon ni ddim ati i'w chreu, fe ddigwyddodd yn naturiol rywsut. Yn fuan ar ôl dechre darlledu gyda'r nos, fe ddaethon ni i sylweddoli bod llawer o'r gwrandawyr yn rhai oedd yn teithio, a llawer ohonyn nhw mewn loris. Fe fydde enillydd y gystadleuaeth yn dod ar y rhaglen er mwyn i fi siarad gydag e; finne'n gofyn o ble roedd e'n ffonio ac ynte'n gweud 'o'r lori' yn y lle a'r lle.

Fe aeth hi'n dipyn o dynnu coes wedyn, achos roedd llawer o fois Mansel Davies, fel John Vaughan y des i'n ffrindie mawr gyda fe, yn cysylltu â'r rhaglen. A rywbryd dyma ddigwydd edliw taw dim ond bois Volvo oedd yn cysylltu â'r rhaglen, achos ro'n i'n gwybod taw Volvo oedd lorïau Mansel i gyd, a rhyw awgrymu felly taw Volvo oedd y loris gore. Dyma rai eraill yn dechre ffonio wedyn i ganmol eu lorïau nhw – Scania, DAF, ERF ac ati.

Fe aeth y peth gam ymhellach un nosweth pan oedd Siân a fi wrthi'n gweithio ar y rhaglen. Bryd hynny'n amal mae'r syniade gore'n dod. Roedd llawer o'r bois yn cystadlu yn y posau oedd ar y rhaglen, a'r nosweth arbennig yma, nos Iau wy'n credu oedd hi, dyma gyfyngu'r gystadleuaeth i'r rhai oedd yn dreifio lori a gweud y bydden nhw'n cael rhif os ffonien nhw i mewn, ac wedyn bydden ni'n rhoi'r rhife mewn hat a thynnu'r enillydd mas i gael gwobr – ymbarél Geraint Lloyd neu rywbeth felly.

Hap a damwain oedd hi ein bod wedi dechre hyn gyda gyrwyr lorïau ar nos Iau, a'r nos Iau gynta honno fe ffoniodd rhyw bymtheg i mewn. Yr wythnos wedyn, dyma benderfynu ei wneud e 'to, a bryd hynny dyma rai o'r gyrwyr oedd yn ffonio i mewn yn gweud y licien nhw gadw'r rhif roedden nhw wedi'i gael yn y rhaglen gynta, ac felly fu.

Fel mae'n digwydd, tua'r un adeg fe ddigwyddes glywed rhaglen gan Terry Wogan lle roedd e'n sôn am y clwb oedd 'da fe ar ei raglen ddyddiol, rhaglen na fyddwn i byth yn gwrando arni. 'Wogan's TOGs' oedd yr enw ar y clwb, dwi'n credu. Roedd e wedi datblygu'n glwb mawr oedd yn cwrdd bob blwyddyn ac yn cael cynadledde a phethe fel'ny. A dyma fi'n meddwl, beth am gael clwb i'r gyrwyr lorïau? Felly, dyma roi gwahoddiad ar y rhaglen un nosweth i bawb oedd yn gyrru lori ac yn gwrando ffonio i mewn i gael rhif, a bod yn rhan o glwb newydd – Clwb Bois y Loris.

Roedd yr ymateb yn rhyfeddol, ac erbyn diwedd y nawdegau roedd dros dri chant o aelode. Dyma benderfynu cyhoeddi calendr a gofyn iddyn nhw anfon llun ohonyn nhw gyda'u lorïau ac fe ddewiswyd deuddeg i ffurfio calendar. Yna, tua 2005 fe drefnon ni ginio mawr yn Lletty Parc, Aberystwyth, ac fe ddaeth dros gant a hanner yno. Roedd pawb yn talu am ei fwyd ei hun wrth gwrs, ac ro'n inne wedi trefnu'r adloniant – Linda Griffiths a'i merched gyda Dai Jones yn ŵr gwadd.

Gawson ni nosweth i'w chofio. Ro'n i wedi siarad gyda'r rhan fwya ohonyn nhw ar y radio ond do'n i ddim yn eu nabod, a doedd llawer ohonyn nhw ddim yn nabod ei gilydd chwaith. Roedd yno hen siarad, fel y gallwch chi ddychmygu. Ro'n i'n cofio enwe fel Jack Vaughan, Emyr Wyau a Dafydd Hogan, ond ddim yn gallu rhoi wyneb i'r enw.

Ffyrm darmac o Ddyffryn Clwyd yw Hogan ac ro'n i wedi cyrraedd Llety Parc yn gynnar yn y pnawn i baratoi ar gyfer y nosweth. Dyma'r boi mawr 'ma'n cerdded ar draws y maes parco yn datŵs i gyd ac yn dod ata i a gafael yn'o i fel arth fawr a gweud: 'Geraint Lloyd'!

A fel'ny cwrddes i â Dafydd Hogan, a'r llynedd, gan ei bod yn flwyddyn naid, roedd ei gariad e bryd hynny, Sandra, wedi rhoi nodyn bach yn ei focs bwyd yn gofyn iddo'i phriodi. Fe roddodd wybod i ni beth oedd hi wedi'i wneud ac fe ffonion ni fe'r pnawn hwnnw i ofyn iddo oedd rhwbeth sbesial yn ei focs bwyd. Ac felly fe gafwyd y cyhoeddiad ar y radio y nosweth honno.

Ryden ni'n cael cinio bob blwyddyn erbyn hyn ac maen nhw'n nosweithie da. Mae amryw yn dod i lawr am y penwythnos ac yn aros, rhai yn eu carafanne, ac fe gawn artistiaid fel Meinir Gwilym a John ac Alun i gynnal yr adloniant. Doedd llawer o'r bois yma ddim yn gwrando ar Radio Cymru cynt, ond maen nhw'n awr ac mae'r radio'n gyfrwng i'w cysylltu â'i gilydd. Mae'n dangos pŵer y radio mewn gwirionedd, ac yn dangos bod y radio'n gwmni da i rai sy'n ddigon unig yn y lorïau ar eu pen eu hunain. Fe fyddwn ni'n cael sgwrs gyda rhai ohonyn nhw bob wythnos ac mae rhai'n cysylltu hyd yn oed os nad ydyn nhw'n gallu clywed Radio Cymru, ac ar nos Iau yn amal fe ddaw neges testun fel: 'Helô, fi Jac sydd yma, yn cysylltu o Copenhagen', neu 'Helô, Dai Hands yma, yn croesi i Iwerddon am dridie'. Finne wedyn yn cyhoeddi'r negeseuon hyn ar y radio, a thrwy hynny mae'r bois yn dod i wybod hanes ei gilydd.

Fe ddechreuodd sioe loris Caerfyrddin gyda rhai o'r aelode yn cysylltu â'i gilydd, ac mae hi'n mynd yn selog bob blwyddyn erbyn hyn, ac yn sioe bwysig. Ryden ni'n mynd fel teulu yn y garafán i'r sioe bob blwyddyn ac yn cael cyfle i gwrdd â llawer o'r bois felly.

Ac, wrth gwrs, fe gyhoeddwyd llyfr, *Bois y Loris*, ac yn sgil y llyfr gwnaed rhaglen deledu i gyflwyno rhai o'r gyrwyr a sôn am eu bywyde a'u hobïau ac ati. Fe allen ni gael cyfres, a gweud y gwir, gan fod bywyde amrywiol iawn gan y bois yma. Gareth Jones o Dregaron, er enghraifft, un o'r aelode cynta, yn flaenor yn ei gapel ac yn pregethu bob dydd Sul. Rhai eraill â hobïau fel pysgota môr neu cadw hen beirianne, rhai i ffwrdd am wythnos neu fwy ar y tro, rhai eraill adre bob nos. Mae'r amrywiaeth ryfedda i'w chael ac fe fydde'n sail i gyfres ddiddorol o raglenni fel *Eddie Stobart Trucks and Trailers* yn Saesneg, sy'n rhaglen tu hwnt o boblogaidd.

* * * * * * *

Ro'n i wrth fy modd yn mynd allan o'r stiwdio, ac roedd *Rhaglen Geraint Lloyd* yn un o'r rhai cynta i wneud hynny. Os oedd rhywbeth arbennig yn digwydd yn y gymuned mi fydde Siân a finne'n mynd, dim ond ni'n dou, weithie ar wahoddiad a thro arall yn gwahodd ein hunain!

Gan fod gen i'r wybodaeth dechnegol, y cyfan oedd isie oedd llinell ffôn, ac roedd modd trefnu i gael honno ymlaen llaw. Neu, os nad oedd llinell ffôn ar gael, roedd gynnon ni system *satellite* i'w rhoi ar do'r car. Trwy Gaerdydd y bydde'r rhaglen yn mynd ac yno y bydde'r recordie'n cael eu chware, a Gwennan Evans, un fu'n cydweithio llawer 'da ni, oedd yn gyfrifol yn y stiwdio yno.

Fe fuon ni mewn gormod o leoedd i enwi pob un, ond mae rhai ohonyn nhw'n naturiol yn dod yn ôl i'r cof. Fe fuon ni'n darlledu'n fyw o gae yn Rali Clybiau Ffermwyr Ifanc Ceredigion, ar risie theatr yn yr Ŵyl Ban Geltaidd yn Iwerddon, mewn ysgol pan oedd ffair Nadolig ym Mhontrobert, o Ganolfan Gymunedol Cae Cymro yng Nghlawddnewydd ar noson lansio hunangofiant Trebor Edwards, ac ar y stryd yn Aberaeron gyda chymorth llinell ffôn o Siop Ji-binc. Lleoedd eraill oedd Caergybi, o gae yn Ninefwr, o westy'r Marine yn Aberystwyth ar achlysur lansio llyfr gan Wyn Mel, o ŵyl ddramâu Corwen ac o noson yn y Llew Coch yn Ninas Mawddwy lle nad oedd y llinell ffôn yn da i ddim, a lle nad oedd ond un man ar gyfer y lloeren, sef 220 gradd i'r de o'r Dinas, ac yn ffodus fe lwyddwyd i gael yr union le iawn rhwng ochrau'r cwm cul.

Ond un sy'n sefyll mas yw'r noson gan Glwb Ffermwyr Ifanc Troed-yr-aur mewn gwesty yn Ffostrasol. Roedd hon yn noson arbennig iawn, noson i godi arian at y Sioe, os cofia i'n iawn, noson a hysbysebwyd fel noson Rasys Moch. Llion Troed-yr-aur oedd yn gyfrifol am y syniad, wedi'i weld yn Iwerddon medde fe, lle roedd cerdyn mawr efo llun mochyn arno'n cael ei osod ar raff trwy roi twll ynghanol y cerdyn, a rhedeg y rhaff drwyddo. Roedd chwech o raffau a cherdyn ar bob un, ac un pen wedi'i glymu'n sownd, ac yna bydde chwe chystadleuydd yn gafael ym mhen arall y rhaff ac yn ceisio gwthio'r cerdyn ar hyd y rhaff – a'r cynta i groesi'r llinell fydde'n ennill.

Roedd *heats* yn cael eu cynnal ac yna'r goreuon yn cystadlu am y bencampwriaeth, ac yn ystod y rasys i gyd mi fydde'r gynulleidfa'n prynu eu mochyn ac yn betio, a thrwy hynny'n codi arian.

Mae Llion yn dipyn o gymeriad, ac yn ystod y rhaglen dyma fi'n gweud ein bod yn mynd i gael rasio moch yn nes ymlaen a bod perchennog y moch gen i, ac fe es ati i'w gyfweld. Fe ddwedwyd bod y moch o frid arbennig gyda choese hir, eu bod yn cael eu hymarfer yn gyson cyn naw o'r gloch bob bore, a gorffwys drwy'r dydd wedyn, a'u bwydo â Guinness a bwyd arbennig. Ond, ar ddiwrnod y rasys roedd yn bwysig eu hymarfer am dri o'r gloch y prynhawn. Mi holais oedd yna broblem efo'r moch, ac fe ddwedodd Llion mai'r broblem

47

fwya oedd y llanast ar eu holau, a'r gwaith glanhau gan mai i mewn yn y dafarn y cynhelid y rasys.

Pethe hurt fel yna oedd yn cael eu gweud yn ystod y cyfweliad, ac yn wir i chi fe ffoniodd rhywun i gwyno! Cwyno ein bod yn greulon, nad oedd rasio moch yn beth naturiol i'w wneud, a phrun bynnag mai allan roedd moch i fod, nid i mewn. Fe esboniwyd cyn y diwedd, wrth gwrs, mai moch cardbord oedden nhw!

Roedd pobol yn gwerthfawrogi ein bod ni'n mynd allan i'w cymunede ac yn gallu pwysleisio'r gweithgarwch sy'n digwydd yng nghefen gwlad; roedden ninne wrth ein boddau'n mynd allan o'r stiwdio a chyfarfod pobol a siarad 'da nhw ar y rhaglen, a bod yn rhan o'r digwyddiad bob tro. Fe barodd hyn tra oedd y rhaglen yn rhaglen fin nos – rhwng 6.30 ac 8.00, a siom oedd hi pan newidiodd yr amser i'r prynhawn gan fod yn rhaid i'r ymweliade hyn ddod i ben. Erbyn hyn, mae'r rhaglen yn cael ei darlledu rhwng 10 o'r gloch a hanner nos, ac yn anffodus mae hynny'n rhy hwyr i fynd allan i'r gymuned.

* * * * * * *

Mae cyfle annisgwyl yn dod i ran rhywun ambell dro, a rywbryd tua 1999-2000 dyma alwad ffôn gan Rhisiart Arwel o Gaerdydd yn gofyn oeddwn i ffansi mynd gyda fe i Batagonia. Y syniad oedd ein bod, ar ddydd Gŵyl Dewi, yn darlledu ar yr un pryd o Gaerdydd ac o'r Gaiman – y fi yng Nghaerdydd a rhai o Gymry Patagonia yn y Gaiman. Un o syniade Aled Glynne oedd hwn, gŵr oedd bob amser yn barod i fentro.

Y cynnig oedd cael mynd drosodd am ryw ddeg diwrnod er mwyn dod i nabod y bobol a recordo rhai ohonyn nhw. Fe neidiais at y cynnig er nad o'n i erioed wedi hedfan cyn hynny, dim ond yn yr Hercules ar y trip a drefnwyd gan John Dudley.

Rhisiart oedd yng ngofal y pres, ac roedd yn bwysig cynilo ar y dechre. Felly, fe aethon ni ar fws o Gaerdydd i Gatwick, bws National Express oedd yn bopeth ond *express*, ond yn llawer rhatach na'r trên. Wedyn, Boeing 747 anferthol a thros dri chant o deithwyr arni. Ro'n i wrth fy modd pan gododd hi i'r awyr a theimlo'r grym oedd yn y peirianne, ac fe fuon ni arni am un awr ar ddeg nes cyrhaeddodd hi Buenos Aires. Dechre'r haf oedd hi ac fe'm sicrhawyd gan Rhisiart nad oedd angen gormod o ddillad arnom, oedd yn beth da gan fod offer recordo 'da ni hefyd, a hwnnw'n drwm. Ac roedd rheole pendant ynglŷn â faint o bwyse alle pob un ohonon ni eu cario.

Fe laniodd yr awyren mewn storm o fellt a tharane – profiad a hanner, ac wedyn fe dreulion ni ddiwrnod yn y brifddinas gan fod angen cwrdd â rhai o swyddogion Cwmni Radio Telephonica er mwyn trefnu llinelle ffôn a phethe felly ar gyfer y darllediad. Roedd Rhisiart Arwel yn siarad Sbaeneg yn rhugl a fe oedd yn gwneud y trafod i gyd; doedd dim cyfrifoldeb yn disgyn arna i, felly ro'n i'n galler eistedd yn ôl a mwynhau fy hun wrth deithio i'r cyfarfod ar hyd 9 de Julio Avenue, y rhodfa letaf yn y byd gyda saith lôn bob ochr, a dwy ffordd arall yn cydredeg â'r brif hewl. Tra oedd Rhisiart yn y swyddfa yn trafod, fe steddes i ar gornel y stryd yn gwylio'r byd, byd dieithr iawn i fi, yn mynd heibio.

Drannoeth dyma hedfan o Buenos Aires i Dre-lew, i faes awyr tipyn gwahanol i un y brifddinas, fawr mwy na stribyn o goncrid a sied bryd hynny, ac yno roedd Héctor MacDonald, mab Edith, chwaer Elvey MacDonald, yn cwrdd â ni i fynd â ni i'r Gaiman.

Ro'n ni'n aros gyda Gwyn a Monica Jones yn Tŷ Tywi, Monica'n un o'r Wladfa a Gwyn yn wreiddiol o Gymru. Cawsom gyfle i orffwys am rai orie cyn mynd i Tŷ Gwyn erbyn hanner nos lle roedd Luned Gonzalez wedi trefnu te croeso i ni. Roedd e fel mynd yn ôl i bartïon yr ysgol Sul pan o'n i'n blentyn, gyda brechdane, bara brith a phice ar y ma'n yn rhan o'r wledd.

Fe fuon ni yno am wythnos, yn cwrdd â gwahanol bobol a sefydlu perthynas â nhw. Un diwrnod, bu'n rhaid mynd i

Dre-lew gan fod Rhisiart yn cwrdd â thechnegwyr y radio, ac fe ddalies i ar y cyfle i fynd am dro ar 'y mhen 'yn hunan. Doedd 'da fi ddim Sbaeneg, ac wrth gwrs doedd Saesneg yn da i ddim, er nad oeddwn i wedi sylweddoli hynny cyn mynd yno. Fe es i gaffi bychan a gweitho mas beth oedd ar y fwydlen, ac yna talu wrth fynd oddi yno, a dyna job oedd honno! Fe golles fy ngallu i siarad y funud honno, peth anarferol iawn yn fy hanes i. Fe lwyddes i dalu rywsut a chael newid, ond fûm i erioed yn teimlo mor unig â'r foment honno.

Un peth sy'n wahanol iawn yn y Wladfa i'r hyn yw hi yma yng Nghymru, sef eu hagwedd at amser. Fe drefnwyd inni gwrdd yn nhŷ Héctor un nosweth i gyfweld rhai pobol, ond roedd Héctor yn chware'r organ mewn priodas, a doedd honno ddim yn dechre tan ddeg yr hwyr, ac roedd hi'n hanner nos cyn iddyn nhw briodi. Ffrind iddo wedyn i fod i ddod draw erbyn tua deg a hwnnw'n hwyr am ei fod wedi mynd i bysgota. Ac fe fuon ni wrthi'n recordo'r nosweth honno tan tua dou o'r gloch y bore.

Roedd tafarn ym mhen arall y dre yn cael ei rhedeg gan Archentwr o dras Almaenig, a beth oedd wedi'i barco tu fas pan aethon ni yno ond Cadillac mawr du, car Americanaidd o'r chwedegau yn ddwst i gyd ac injan V8 dan y bonet, car tebyg i'r rhai a ddefnyddid yn y ffilmie *gangsters* yn America. Ro'n i wedi cyffroi'n lân a phan aethon ni i mewn i'r dafarn fe ddwedodd Rhisiart wrth y perchennog mod i'n hoffi'r car. Fe roiodd hwnnw'r goriade i fi ac fe ges ei ddreifo i lawr y stryd. Wel am brofiad, dreifo Cadillac, o bob car dan haul, a hynny ar stryd yn y Gaiman! Pe bydde'r car yna yn y wlad hon, bydde fe'n werth ffortiwn, am ei fod yn glasur.

Fe drefnodd Héctor inni fynd ar daith gydag e i Esquel yn y car ac aros yno am nosweth neu ddwy. Dechre am hanner dydd i fod, ond roedd Héctor yn dal yn ei wely! Cychwyn yn y man ond roedd yn rhaid cael petrol, ac nid mater o lenwi tanc a thalu oedd hi, ond mater o sgwrs a thrafod. Roedd yn rhaid cael poteli dŵr yfed wedyn, ac fe ddysges i dric ym Mhatagonia dwi'n dal i'w ddefnyddio. Mae hi mor boeth yno nes bod dŵr yfed yn y car yn poethi'n syth. Y peth i'w wneud yw rhewi potelaid o ddŵr ac mae hwnnw'n toddi'n raddol ac yn cadw'n oer yn hir.

Erbyn inni adael yn iawn ro'dd hi'n bedwar o'r gloch y pnawn, a dros y paith â ni a thrwy Gwm y Merthyron, taith ddifyr dros ben. Hanner ffordd roedd gorsaf betrol a chaffi bychan, a phlant yn trio gwerthu pob math o bethe i chi. Ymlaen wedyn ac roedd hi wedi tywyllu erbyn hyn. Rywle ar y daith fe stopiodd Héctor y car a diffodd yr injan a'r gole a gweud ein bod mewn man arbennig ar y paith, ac y bydde'n rhaid teithio am fil o filltiroedd i'r chwith ac i'r dde cyn cwrdd â neb byw i'r ddau gyfeiriad yna. Dyna roi syniad i ni o ehangder y wlad.

Mas o'r car â ni wedyn a Héctor yn gweud wrthon ni am wrando. A dyna beth oedd perffeth dawelwch. Adre, hyd yn oed ganol y nos dywylla a thawela mae yna sŵn, sŵn yr awel neu sŵn gwynt ym mrigau'r coed. Ond yng nghanol y paith, dim! A'r awyr a'r sêr wedyn, gan fod y ddaear mor fflat, yn rhyfeddod, a gweld sêr na weles i erioed o'r blaen gan ein bod yn hemisffer y de. Roedd yr egwyl honno ganol nos ar y paith yn un o uchafbwyntie'r ymweliad.

Fe gyrhaeddon ni Esquel tua dou o'r gloch y bore ac fe ddwedodd Héctor ei fod wedi trefnu lle i ni aros gyda ffrind oedd yn cadw tafarn, rhyw fath o *bunk house*. Ro'dd y lle mewn twllwch, ond ar ôl galwad ffôn fe agorwyd i ni a chyn pen dim roedd hi fel canol dydd yno, bwyd wedi'i ddarparu a phobol Esquel yn dod i gwrdd â ni.

Fe gawson ni fynd i odre'r Andes wedyn – lle rhyfeddol, y tywydd mor boeth ac eto'r eira mor agos. Fe welson ni ddau deulu oedd yn ffermo miloedd ar filoedd o aceri yn y fro. Un oedd Billy Green, y cawson ni *asado* ar ei fferm. *Gangster* oedden ni'n ei alw gan ei fod yn cario gwn gyda fe yn y car. Fe fuon ni'n cyfweld ei wraig a phobol eraill yn y fan honno wedyn ar gyfer y rhaglenni.

Profiad bythgofiadwy i fi oedd y dyddie ym Mhatagonia; roedd yn werth pob eiliad o'r daith hir yno a'r daith oedd yn edrych yn hirach ar y ffordd adre. Ond doedd yr antur ddim ar ben. Roedd car 'da fi yng Nghaerdydd, wedi'i logi gan y BBC, ac wrth deitho adre drwy Bort Talbot fe ges fy nal yn sbido, yn gwneud 70 mewn ardal 50 mya. Ond nid dyna'r diwedd chwaith. Fe ddois i bant â hi. Fe ofynnes iddyn nhw brofi taw fi oedd yn dreifo'r car, gan taw car wedi'i logi oedd e. A chlywes i byth air arall oddi wrthyn nhw. '*All's well that ends well*,' medde'r gair, ac felly y daeth i ben ymweliad â'r Wladfa na wna i byth ei anghofio.

PENNOD 5

Ar ras i ennill

Coming second means you are the first of the losers
Ron Dennis

TRA O'N I'N mynd o job i job a hyd yn oed yn ystod y dyddie cynnar gyda'r BBC ro'n i'n ralïo ac yn gwneud tipyn o rasio ar laswellt mewn hen geir – *bangers* y byddwn i'n eu prynu a'u gwneud i fyny, a hefo Land Rover 4×4, ac fe enilles i sawl troffi. Roedd gen i gar *banger* neu jalopi pan o'n i yn yr ysgol, Mini yr oeddwn i wedi tynnu'r ffenestri ohono, yn ogystal â'r seddi ar wahân i sedd y dreifar, yn wir popeth ddele bant os nad oedd gwir angen amdano, er mwyn ei wneud yn sgafnach. Roedd e'n jalopi go iawn.

Mae sawl math o rasio a ralïo i'w gael. Yr un mwya syml ydi rasio jalopis ar laswellt – mynd rownd a rownd y trac heb fawr o reolau, a dod yn gynta yn unig sy'n bwysig. Wedyn, mae yna rasio tipyn mwy soffistigedig ar laswellt, sef *autograss*, yr un math o beth ond yn fwy proffesiynol, ac yn ddarostyngedig i reolau'r FIA *(Fédération Internationale de l'Automobile)* a'u henwog lyfr glas o reolau. Ond mwy am y llyfr hwnnw eto. Wedyn, y cam nesa oedd y 4×4.

Doedd dim dal lle byddwn i ar benwythnose yn ystod cyfnod y ralïo; gallwn fod yn rhywle yn cystadlu er taw creadur cartrefol ydw i yn y bôn. Dwi'n cofio unweth fynd cyn belled ag Aldershot i Bencampwriaeth Prydain, oedd yn cael ei chynnal ar safle lle roedd y fyddin yn ymarfer gyda'u tancie. Hobi ddrud iawn oedd hi gan ei bod yn costio i adeiladu'r cerbyd yn y lle cynta ac i gyrraedd lle roedd y cystadlaethau yn cael eu cynnal. Rasio *off-road* ar dir ryff iawn yn aml, beth fyddai'n cael ei alw'n *comp. safari*, gyrru cwrs rhwng dau a wyth milltir a ceisio cael yr amser cyflymaf.

Fe ddechreuon ni glwb yn Aberystwyth, West Wales 4×4 Club, a Saeson oedd y rhan fwya o'r aelode ar wahân i fi a rhyw ddou arall. Fe fydden ni'n cwrdd unweth yr wythnos ac yn cynnal cystadleuaeth neu dreials unweth y mis, ac roedden ni ar gael at alwad sefydliade eraill hefyd o dro i dro.

Yn 1992 fe ddaeth yr Eisteddfod Genedlaethol i Aberystwyth ac fe'i cynhaliwyd ar gaeau Gelli Angharad. Roedd hi'n steddfod eitha gwlyb ac roedd mwd ar y caeau erbyn diwedd yr wythnos. Dyma dderbyn galwad gan swyddogion y Steddfod yn gofyn fydden ni, fois y clwb, ar gael ddiwedd yr wythnos. Roedden nhw ein hangen ni a'n Land Rover i dynnu ceir o'r cae ddydd Sadwrn a charafanne ddydd Sul. Roedd 'da ni Land Rovers a theiars mawr a'r pethe rhyfedda arnyn nhw, i'r dim ar gyfer gwaith tynnu, ac roedd gofyn i ni fynd yno fel rhoi gwahoddiad i blentyn fynd i siop melysion i'w helpu'i hun. Felly, aethon ni yno gyda'n Land Rovers ar y dydd Sadwrn a chael cyfle i fynd rownd y Maes cyn dechre ar y gwaith. Do'n i ddim yn fachan Steddfod, rioed 'di bod yno cyn hyn, a neb o'r teulu chwaith yn bobol Steddfod. Sioe ie, Steddfod na. Prin mod i wedi methu mynd i Lanelwedd ers i fi gael fy ngeni!

Beth bynnag am hynny, dyma fynd rownd y cae am dro a beth oedd 'na ond stondin gan Radio Ceredigion. O'n i wedi clywed sôn trwy gysylltiade â Theatr Felin-fach fod 'na fwriad gan griw o bobol i ddechre radio lleol – Radio Ceredigion. Ro'n i wrth fy modd gyda radio; ble bynnag ro'n i'n mynd bydde'r radio ymlaen, Radio 1 gan amlaf. Ac fel mae plant yn breuddwydio am fod yn beilot neu'n astronôt ac yn gwybod yr un pryd na fydde hynny byth yn digwydd, ro'n i isie bod yn DJ, yn cyflwyno recordie fel y bois ar Radio 1. Ac fe ddealles i ei bod yn fwriad gan Radio Ceredigion i gael rhaglen cyflwyno recordie. Roedd y gwasanaeth i fod i ddechre ym mis Rhagfyr ac roedd angen gweld faint o ddiddordeb fydde, dyna pam fod pabell 'da nhw ar faes y Steddfod.

I mewn â fi i'r babell a daeth rhyw ddynes ata i, rhywun ro'n i'n credu y dylswn fod yn ei nabod, ond na fedrwn feddwl pwy oedd hi chwaith. Fe holodd fi pwy o'n i ac o ble ro'n i'n dod. Dyma fi'n gweud wrthi mod i'n gwneud lot 'da Theatr Felin-fach, gyda dramâu a'r pantomeim a phethe felly, ac fe roiodd fy enw i lawr fel un oedd â diddordeb. Fe ffeindies pwy oedd y fenyw wedyn – neb llai na Teleri Bevan fu mewn swydd uchel gyda Radio Wales y BBC. Ond yn ôl at y ceir.

Fe fuon ni'n fishi weddill y Sadwrn ac ar y Sul yn tynnu ceir a charafanne a chael amser da yn gwneud gwaith oedd wrth fodd calon pob un ohonon ni. Ar y nos Sul, nos Sul y Gymanfa, fe ofynnwyd i ni stiwardio'r maes parco gan fod yna newid cae wedi bod erbyn hynny a phosibilrwydd y gall pethe fod yn bur wael hyd yn oed yn y cae newydd, ac fe geson ni i gyd siacedi melyn ar gyfer y gwaith. Anghofia i byth y nosweth honno; wnes i rioed feddwl y galle pobol fod mor ewn, y galle pobol oedd wedi bod mewn cymanfa yn canu emynau fod mor ddibris o bobol eraill. Roedd pawb isie mynd mas yr un pryd! Roedd hi'n beryg bywyd ar y meysydd parco a cheir yn ceisio ennill y blaen ar ei gilydd o bob cyfeiriad. Ro'n i wedi fy syfrdanu! Roedden ni'n ceisio cadw rheolaeth a gollwng un rhes ar y tro, ond wnaeth un gyrrwr weiddi arnai os na fydden i'n symud o'r ffordd y bydde fe'n mynd drosta i. Ond licien ni ei wneud e 'to. Yr adeg honno do'n i ddim yn nabod neb, ond erbyn heddi fe faswn i ac fe fydde pethe'n dipyn gwahanol! Ond ges i sioc, rhaid gweud.

Erbyn hyn dwi ddim yn synnu. Yn 1999, saith mlynedd yn ddiweddarach, pan oedd y Steddfod yn Llanbedr-goch, Sir Fôn, a'r trefniade parco yn erchyll, ro'n i'n gweithio i'r BBC ac yn ffaelu'n deg â dod mas o'r maes parco un nosweth, er nad oedd hast o gwbl arna i. Y nosweth honno fe weles i bobol yn clatsio'i gilydd hyd yn oed. Dyna be oedd *road rage* mewn cae!

Ond dwi'n crwydro. Gan fod ralïo o bob math yn gamp beryglus, mae rheole'r corff sy'n gyfrifol, sef y FIA, yn rhai tyn iawn, a'r *Blue Book* yn Feibl y mae'n rhaid dilyn ei holl ganllawie.

Er mwyn gwneud yn siŵr fod y rheole'n cael eu cadw, mae yna sgrwtinier neu archwiliwr yn bresennol ym mhob rali, ac roedd digon o ddiddordeb 'da fi yn y gamp i benderfynu ceisio mynd yn archwiliwr trwy astudio'r llyfr yn ofalus a sefyll arholiad.

Arholiad llafar oedd e, 'da rhyw ddyn yn Llanidloes, un oedd yn eitha uchel yn y byd moduro a ralïo. Yr hyn wnaeth e oedd gosod *scenario* a gofyn be fyddwn i'n edrych amdano tase cerbyd V8 yn dod i ralïo. Roedd yn rhaid rhestru nifer o bethe pwysig: bod dou sbring ar y *carburettor* rhag ofan i'r un oedd yno'n barod dorri, bod y batri wedi'i selio a'i osod yn sownd, bod gwregys diogelwch yn y cerbyd ac wedi'i folltio i'r lle iawn, i gorff y cerbyd, pethe fel 'na, pethe'n ymwneud â diogelwch yn benna.

Fe wnes i basio ta beth, ac fe fues i'n gwneud y gwaith sawl tro. Fel ro'n i'n gweud, materion yn ymwneud â diogelwch oedd llawer ohonyn nhw, ond roedd 'na bethe eraill 'fyd gan fod gyrwyr yn ceisio ennill mantais ar ei gilydd. Roedd pethe y gallech chi eu gwneud i sgafnu'r car, er enghraifft, ac mi dries i hyn fy hunan sawl tro. Roeddech chi'n dod i nabod yr archwilwyr mewn gwahanol fanne a gwybod lle roedd yn rhaid bod yn ofalus a lle y gallech chi fentro am nad oedd fawr o tsieco'n digwydd.

Set a thief to catch a thief, medde'r dywediad Saesneg, ac roedd gwir yn hynny gan fod rhywun oedd wedi'i thrio hi ei hun yn gwybod beth oedd y tricie, ac roedden nhw'n digwydd ar bob lefel, a'r archwilwyr yn bwysig, o Fformiwla 1 i lawr i rasio ar laswellt.

Roedd rheole llym ynglŷn â chynnwys darn o un car mewn car arall, er enghraifft, ac roedd yn rhaid cael y ffrâm ddiogelwch gywir o gwmpas y car, roedd yn rhaid iddi fod o ddur arbennig – *rolled steel*. I ddarganfod hynny, roedd yn rhaid drilio twll bychan yn y ffrâm i weld pa mor drwchus oedd y dur. Trio sgafnu pwyse'r car oedd pwrpas defnyddio'r ffrâm anghywir, ond mater o ddiogelwch oedd cael y trwch cywir a'r dur iawn i'r ffrâm er mwyn arbed y gyrrwr tase'r car yn troi drosodd.

Yr un modd gyda helmed. Mae rasio o bob math yn fusnes drud iawn, ac mae helmedau addas yn ddrud. Mae Tomos wedi dechre rasio *go-karts* ac wedi cael yr helmed iawn, ac fe gostiodd honno tua thri chan punt. Roedd hefyd yn rhaid gwisgo'r bathodyn cywir ar yr helmed, gan fod gwahanol fathodynnau i wahanol lefelau o rasio a ralïo.

Dwi wedi dilyn ralïe erioed, a phinacl y byd hwnnw, wrth gwrs, oedd y Lombard RAC – bellach Rali Cymru GB. Roedd hi'n dechre yng Nghaer, yn mynd i Ardal y Llynnoedd a Swydd Efrog, ac wedyn lan i'r Alban cyn dod i lawr i Gymru. Ro'n i'n gweithio i'r Farmers Co-op bryd hynny ac yn cael diwrnod bant ar ddydd Gwener er mwyn mynd lan i Gaer i wylio'r dechre. Yna, oddi yno i Ardal y Llynnoedd ac wedyn ymlaen i gyfeiriad yr Alban ar y nos Wener; y pella fues i oedd Kielder, a chyrraedd yno 'beutu dou i dri o'r gloch y bore. Roedd rhyw bedwar neu bump ohonon ni i gyd yn mynd, ond nid mewn un car gan y bydde gormod o bwyse yn ei arafu ac roedd yn rhaid cael tipyn o sbid i allu dilyn y rali gan fod y ceir yn teithio'n gyflym rhwng cymale. Ac, wrth gwrs, roedd ein ceir ni'n edrych fel ceir rali hefyd, neu roedden ni'n meddwl eu bod nhw'n edrych felly, ta beth. Roedden ni, oedd yn dilyn y rali, yn beryclach ar y ffyrdd na'r ceir rali eu hunain!

Dwi'n cofio fi a fy ffrind yn cyrraedd Fforest Kielder yn Northumberland ar gyrion yr Alban yn hwyr y nos, rioed wedi bod yno o'r blaen, a niwl trwchus ym mhobman. Doedd dim modd gweld dim. Mis Tachwedd oedd hi ac roedd hi'n oer a ninne bron â rhewi. Roedden ni yno cyn y ceir rali ac o flaen y rhan fwya o'r gwylwyr hefyd, ac felly gyrru i mewn i'r fforest naethon ni a chysgu dros nos yn y car a cheir rali'n cyrraedd rhwng naw a deg o'r gloch y bore.

Roedd yn rhaid cyrraedd bedair i bum awr o flaen y rali neu byddech chi'n gorfod cerdded milltiroedd lawer. Y peth i'w wneud oedd gyrru mor bell ag y gallech chi i mewn i'r fforest a pharco wedyn ar ochor y ffordd, ac yn fuan iawn fe fydde cannoedd yno. Trio cysgu oedd y job wedyn, heb sache cysgu a'r tywydd yn oer. Fe fydden ni wedi stocio'r car â siocled a diodydd i'n cadw ni i fynd. Wedyn, yn y bore fe fydden ni'n gadael y ceir a cherdded y ddwy neu dair milltir at y cymal cynta.

Y cynllun oedd gwylio'r deg car cyntaf, yn cynnwys yr enwe mawr – Roger Clark, Bjorn Waldergard, Tony Pond, Hannu Mikkola, Colin McRae a gyrwyr felly. Wedyn, bant nerth ein teiars ymlaen am y cymal nesa. Tasen ni'n oedi cyn gadael, yno y basen ni, yn styc oherwydd yr holl fynd a dod. Roedd yn rhaid cynllunio holl gyfnod y rali yn ofalus iawn a doedd dim modd gweld y cymale i gyd; roedd yn rhaid mynd heibio rhai heb eu gweld neu fydden ni byth yn gallu cadw lan gyda phethe. Bydden ni 'nôl yng Nghymru, felly, erbyn diwedd y pnawn Sadwrn ac yn ei 'nelu hi am Aberangell i fod yno ar gyfer nos Sadwrn, a hynny ar ôl dreifo trwy'r dydd. Ond wrth gwrs roedd pawb yn gwneud 'run fath a'r ffyrdd yn fishi iawn. Ychydig iawn o ralïo oeddech chi'n ei weld mewn gwirionedd; yr hyn oedd yn bwysig oedd y bwrlwm a'r cyffro, y stopio a'r siarad gyda hwn a'r llall ym mannau aros y traffyrdd, a chael gair 'da gyrwyr y rali eu hunain, oedd yn barod iawn yn y dyddie cynnar i siarad â ni'r gwylwyr.

Felly roedd fy ffrind a fi yn cyrraedd Aberangell yn hwyr y dydd, lle oedd yn ffefryn gyda ni, yn llwyddo i gyrraedd cyn bod neb o gwmpas bron bob tro a chysgu yn y car wedyn am ddwyawr neu dair. Yna, dihuno a phawb wedi cyrraedd. Roedd fforestydd Llanafan ac Epynt yn dipyn o ffefrynnau. A dyna oedd y pedwar diwrnod – dyddie o yrru o un lle i'r llall, cysgu gore gallen ni yn y car a bwyta pob math o sothach pryd bynnag yr oedd cyfle i gael rhywbeth. Roedd ralïe eraill i'w cael, wrth gwrs, ond hon oedd yr un fawr, hon oedd y pinacl.

Mae pethe wedi newid llawer dros y blynydde dwetha 'ma. Fe aeth y ralïe yn achlysuron oedd yn beryg bywyd gyda llawer o ddamweiniau'n digwydd, nid ymhlith y cystadleuwyr ond ymhlith y cefnogwyr wrth iddyn nhw yrru'n wyllt o le i le er mwyn dilyn y digwyddiade. A pha ryfedd fod y gyrru'n wyllt. Pan y'ch chi'n ugain oed ac wedi bod yn gwylio gyrwyr gore'r byd yn mynd drwy'u campe, pan glywch chi sŵn y refio ac ogleuo'r oel a'r teiars yn llosgi, mae'r adrenalin yn cwrso drwy'ch gwaed chi ac ry'ch chithe isie mynd, a bron yn gallu dychymgu eich bod chi eich hunan yn rhan o'r rali!

Cofiwch, doedd cyflymder y dyddie hynny'n ddim byd tebyg i'r hyn yw e erbyn hyn. Bryd hynny, Escort Mark 2 oedd un o'r ceir cyflyma a doedd e ddim ond yn gallu cyrraedd cyflymder o 70 mya, ac roedd hynny'n cael ei gyfri'n dda. Heddi, maen nhw'n cyrraedd 120 mya ac yn gallu teithio o ddim i 60 mya o fewn ychydig lathenni i'r man cychwyn. Mae pŵer arswydus yn injan pob car erbyn hyn.

Fe soniais am ddamweiniau'n digwydd ymhlith y dilynwyr, ond o feddwl am y dyrfa fawr sy'n dilyn y rali a phawb yn hynod fentrus yn eu ceir a mas ohonyn nhw, ychydig iawn o ddamweiniau sy wedi digwydd i bobol, er bod y stiwardio yn y dyddie a fu wedi bod yn ddigon llac ac esgeulus, a phobol yn sefyll mewn llefydd peryglus a rhai'n gorfod dianc am eu bywyde os digwydd i gar fynd oddi ar y trac. Erstalwm roeddech chi'n cael tynnu llunie ym mhobman, ac os am gael y llunie gore, roedd yn rhaid mynd yn agos a mentro i'r manne peryglus lle roedd y cyffro. Roedd yn rhaid rhyfygu i gael llunie cofiadwy.

Dwi fy hun ddim yn cofio neb yn cael damwain, ond yn cofio llawer yn gorfod symud o'r ffordd yn weddol sydyn, a sawl car yn glanio yn y ffos. Yn rhyfeddol, pan ddigwydd hynny, bydde rhyw hanner cant o bobol fel tasen nhw'n ymddangos o ganol y coed yn rhywle yn dod i wthio'r car yn ei ôl ar y trac.

Mater o amser yw'r cyfan mewn ralïo, a phob cymal yn cael ei amseru'n ofalus. Po gyflyma y gellir cyflawni pob cymal, gore'n y byd, dim bwys pa siâp sy ar y car. Amser yw popeth, ac mae un eiliad yn gallu gwneud gwahaniaeth mawr. Yn wir, maen nhw'n gweud erbyn heddi y gall rhywun golli Pencampwriaeth y Byd trwy gymryd yr ongl anghywir i mewn i gornel – a gwastraffu amser felly. Falle y gall ffracsiwn o eiliad fod yn ddigon! Mae ceir heddi yn rhai drud, ac mae popeth ynddyn nhw – *suspension* soffistigedig, *four-wheel drive*, popeth. Mae'n nhw'n werth arian mawr erbyn hyn ac mae tîm mawr o bobol y tu ôl i bob dreifar yn ei gefnogi.

Unweth fe aeth Roger Clark oddi ar y trac, fe gafodd ei wthio'n ôl gan ddwylo parod, ac fe aeth yn ei flaen i ennill! Dydi hi ddim fel'ny erbyn heddi, mae canfed o eiliad yn ddigon o wahaniaeth bellach rhwng ennill a cholli. Ac, wrth gwrs, mae arian mawr yn y busnes; mae'r ceir eu hunain yn rhai drudfawr: dyw miliwn yn ddim byd am bris y car ymhlith y prif wneuthurwyr, heb sôn am gostau cael timau'n gefen i bob car a dreifar.

Rwy'n gweld ralïo'n debyg iawn i Fudiad y Ffermwyr Ifanc, y ddou wedi cadw eu poblogrwydd, ac yn dod ag elw mawr i gefn gwlad. Mae dilynwyr y rali'n prynu petrol a bwyd yn lleol ac mae hynny'n help i fusnesau eraill, ond mae pethe wedi newid hefyd a llawer mwy o gymale bach erbyn hyn, ac mae'n fwy cyfyngedig gan nad oes cymale yn y nos. 'Slawer dydd roedd pedwar diwrnod llawn o ralïo, ond dim erbyn hyn. Y llynedd roedd y cymale i gyd yn ystod y dydd, heblaw am un cymal yn ystod y nos. Roedd mwy o sialens slawer dydd nag sydd heddi, ond mae parco lleol yn dal i ddod ag arian i mewn a chlybie a chymdeithase lleol yn gyfrifol ac yn cael yr arian, neu gyfran helaeth ohono, am eu gwaith. Mae cymal o'r rali yn Fforest Brechfa ac mae'r ysgol feithrin leol ac Aelwyd Llyn y Fan yn gofalu am y parco yno. Mae trefnwyr y rali wedi gweld ei fod e'n talu er mwyn cadw ewyllys da – rhoi rhywbeth yn ôl i'r gymuned achos bod ralïo'n creu anghyfleustra yn lleol.

Mae ralis bach lleol yn digwydd hefyd yn yr ardal hon, a hynny ar hewlydd cefn gwlad. Mae trigolion pob tŷ sy ar fin y ffordd lle mae'r rali'n digwydd yn cael gwybod amdani, a chan ein bod ni wedi tyfu lan gyda ralis fel hyn yng nghefn gwlad, ychydig iawn o bobol sy'n gwrthwynebu. Mae clybie lleol yn gweithio'n galed i hysbysu pawb sy ar lwybr pob rali. Ambell waith rhaid newid ychydig ar y rownd, ond dim llawer, a phobol sy wedi symud i mewn i fyw yma sy'n gwrthwynebu;

rydyn ni sy yma erioed wedi tyfu lan da'r peth ac wedi hen arfer.

Mae pawb sy ynglŷn â ralïo'n gweud fod y cymale gore i'w cael yng Nghymru, oherwydd y fforestydd, y dirwedd a'r ffaith fod y fforestydd yn eitha agos at ei gilydd, a dim llawer o waith teithio rhyngddyn nhw. Mae'r Comisiwn Coedwigaeth yn cael ei dalu ac yn cael help i glirio'r coed a thrwsio'r ffyrdd ar ôl y digwyddiad, achos mae traul fawr ar ffyrdd y coedwigoedd ar ôl pob rali.

Roedd ralis da yn cael eu cynnal ar Epynt ac fe fues i'n mynd yno am flynydde. Dwi wrth 'y modd yn tynnu llunie a llunie ceir, ac wedi tynnu llawer erioed. Mae gen i un llun da o gar yn moelyd. Roedd darn enwog ar drac y rali yn Epynt, Dixie's Corner a Deer's Leap – y ffordd yn fflat am filltiroedd, wedyn twmpath a chornel, a bydde'r ceir yn yr awyr am bellter. Fe dorrodd yr armi'r twmpath i lawr a'i wneud e'n llai yn y diwedd. Trueni am hynny. Mae 'da fi lun o gar a helmed y gyrrwr yn hedfan mas drwy'r ffenest. Fe'i cyhoeddwyd e yn y *Motoring News*.

O'n i'n gwneud llawer yn Theatr Felin-fach bryd hynny ac roedd ffotograffydd amatur da yno, sef Dennis Birch, ac roeddwn i'n lico'i gamera fe, roedd ganddo fe andros o un da – Canon AE1 ac fe'm perswadiodd i brynu un tebyg, achos camera bach syml Instamatic oedd 'da fi ar y pryd. A doedd hwnnw ddim yn un cyflym iawn! Fe fyddwn i'n tynnu llunie ceir mewn ralis a phan fydde'r ffilm yn dod yn ôl bydde'r rhan fwya o'r llunie yn un *blur* neu'n wag, y ceir wedi mynd tra o'n i'n gwasgu'r botwm! Beth bynnag, ar ôl safio am gyfnod fe brynes i'r AE1 gan James y Cemist yn Aberystwyth ac fe gostiodd £150, drud ar y pryd. Wedyn fe ges i wersi gan Dennis sut i'w ddefnyddio. Dwi'n credu taw i Epynt yr es i gynta i dynnu llunie, ac, ew, o'ch chi'n cael llunie da, achos roedd 'da chi lens cryfach ac roeddech chi'n gallu gweld be o'ch chi'n dynnu. Roedd e'n ardderchog i dynnu llunie'r ceir wrth iddyn nhw wibio heibo.

Yn Epynt roedd pawb yn troi i mewn lle roedd y trac wrth

yr Halfway ac roedd yn rhaid i chi dalu i fynd i mewn y ffordd honno. Ro'n i wedi ffindo lle cynt i fynd i mewn ar draws y tir. Ro'n i'n nabod y ffarmwr ac roedd e'n gadael inni fynd trwy'i gaeau wedyn ac ar hyd hewl fach. Roedd mantais fawr yn hynny gan nad oedd raid inni gerdded mwy na milltir neu ddwy i gyrraedd y rali. Ond doedden ni ddim yn sylweddoli ar y pryd peth mor beryglus oedd hynny, achos yn hollol ddifeddwl roedden ni'n cerdded ar draws tir y fyddin ac fe allen ni'n hawdd iawn fod wedi camu ar ffrwydron oedd heb danio. Ond ddigwyddodd hynny ddim inni, diolch i'r drefen, neu fyddwn i ddim yma i adrodd yr hanes!

Roedd digon o dir ar Epynt ac roedd y ralïo'n digwydd ar faes y fyddin. Do'n i ddim yn gwybod ar y pryd hanes y bobol yn cael eu troi o'u ffermydd, dim ond wedyn ddysges i am hynny, a'r ffordd y difethwyd cymuned Gymraeg gyfan. Ond mae hewlydd da ar Epynt ac mae'n lle da i weld y ceir. Mewn fforest rhaid ichi ddewis 'ych cornel a bodloni ar fod yn styc yno, ond ar Epynt ry'ch chi'n gweld y ceir yn dod o bell.

Mae llawer un wedi gofyn i fi beth ydi apêl rali. Sbid yn bendant, sŵn yr injan, sgrech teiars a'r arogl – yr holl awyrgylch, am wn i. Dwi'n cyffroi'n lân pan glywa i gar yn refio hyd yn oed heddi. Ac mae rhywun yn mynd i rali gan ddisgwyl gweld crash, cael y cyffro o weld rhywbeth yn digwydd, a char yn lando ar ei drwyn yn y ffos. Ac mae Tomos 'run fath nawr yn wyth oed! Mae e'n gwylio dechre ras Fformiwla 1 achos dyna pryd mae ceir yn taro yn erbyn ei gilydd. Chi ddim isie gweld neb yn cael dolur, debyg iawn, a chi ddim isie gweld neb o'r tîm y'ch chi'n ei gefnogi'n cael crash, ond... 'Ro'n i yno...' ydi hi mewn ralïo fel mewn popeth arall, am wn i, rhywun enwog yn cael damwain a chithe yno pan ddigwyddodd hynny! Dwi'n cofio Colin McRae yn cael crash a'n ffrind i'n gweud, 'O'n i 'na, weles i e'n digwydd. Ro'n i'n un o'r rhai fuo'n gwthio'i gar yn ôl i'r ffordd.' Ac roedd e wrth ei fodd yn gweud yr hanes.

Ble bynnag y mae rali, mae yna fannau arbennig lle mae'r ceir yn cael gwasanaeth, ac yn amal meysydd parco eang ydi'r mannau hyn. Dwi wedi bod wrth fy modd yn mynd i'r llefydd hyn, yn gwylio'r garejys symudol yn cael eu codi lan, a gweld yr holl dŵls sy gan y gwahanol dimau, gweld ceir yn cael eu trin a siarad gyda'r dreifars – popeth yn wir sy'n ymwneud â'r ceir a ralïo. Ac ar un adeg, roedd modd mynd a chrwydro fel y mynnech chi cyn belled nad oeddech o dan draed.

Mae pethe wedi newid erbyn hyn ac mae'r dreifars yn fwy o sêr nag y bydden nhw, ac yn cael eu gwarchod. Mae hyn yn arbennig o wir gyda gyrwyr Fformiwla 1; maen nhw'n cael eu gwarchod fel tasen nhw'n aelodau o'r teulu brenhinol. Ac, wrth gwrs, maen nhw'n sêr sy'n ennill miliynau o bunnoedd ac yn enwog drwy'r byd.

Dwi wedi bod yn Silverstone i weld ras Fformiwla 1 ac wedi cael bod yn y *pits*, ac mae e'n fyd gwahanol iawn i fyd y ralïo traws gwlad. Ond dwi byth yn colli ras Fformiwla 1 ar y teledu, a phan oedd y ras yn cael ei chynnal yn Awstralia neu rywle yr ochr arall i'r byd fe fyddwn i'n codi tua phump o'r gloch y bore er mwyn ei gwylio. Bellach, rwy'n ei recordo er mwyn edrych arni'n hwyrach, ond y drafferth bryd hynny ydi nad ydw i isie gwybod pwy sy wedi ennill, a rhaid cau ceg pob rhaglen radio a theledu. Yn anffodus, does dim modd cau cege pobol, ac mae rhai sy'n gwybod mod i wedi recordo'r ras yn fy ffonio a gweud pethe fel: 'Helô Ger, mae Alonso 'di colli 'to' a phethe fel'na!

Ferrari yw'r ffefryn gen i ac roedd Michael Schumacher yn arwr, ac fe ges i andros o siom pan adawodd e'r tîm. Mae enwe sawl arwr arall yn dod i'r cof hefyd, fel Roger Clark, y cynta o Brydain i ennill Rali RAC y Byd yn 1976, ac fe enillodd rali Prydain ddwywaith, yn 1972 a 1976. Bu farw yn 1998 yn ddim ond 59 oed. Un arall fu farw'n ifanc, yn iau fyth mewn gwirionedd, oedd Colin McRae, enillydd rali Prydain ddwy flynedd yn olynol, yn 1991 ac 1992, a rali'r byd yn 1995. Bu farw pan gwympodd ei helicopter i'r ddaear ac fe gollwyd ei fab a dou ffrind i'r teulu yn yr un ddamwain.

Dwi ddim yn cofio Tom Pryce, y Cymro Cymraeg o Ruthun, ond yn gwybod amdano fe. Mewn ras yn Ne Affrica y lladdwyd e. Roedd car wedi mynd ar dân ar y trac ac fe ruthrodd dou stiward yno gyda'u diffoddwyr tân. Cyrhaeddodd y cynta'n ddiogel er bod y ras yn dal i fynd yn ei bla'n a cheir yn rasio heibo. Yn wir, doedd gan y ddou ddim hawl i wneud yr hyn wnaethon nhw heb ganiatâd. Welodd Tom Pryce mo'r ail stiward gan fod car arall o'i flaen yn ei gysgodi. Fe drawodd yn erbyn y dyn ac fe hedfanodd y diffoddydd tân o'i ddwylo i'r awyr a tharo Tom Pryce yn ei ben. Fe'i lladdwyd yn y fan, fel yn wir y lladdwyd y stiward ar amrantiad hefyd. Trasiedi fawr i un yr oedd darogan y bydde fe wedi dod yn bencampwr y byd.

Yn ddiweddar gosodwyd plac yn ei dre enedigol i gofio amdano, ac mae hyn yn bwysig iawn. Mae pêl-droedwyr yn cael llawer o sylw – sylw diddiwedd, a gweud y gwir – ond nid felly arwyr y trac rasio. Y cyfrynge yw'r drwg, maen nhw'n ddewisol iawn yn y campau a'r arwyr maen nhw'n rhoi sylw iddyn nhw, a'r arwyr maen nhw'n eu portreadu. Os bydda i'n sôn rhyw gymaint am ralïo neu rasio ceir ar fy rhaglen, rwy'n cael neges gan ambell un yn gweud: 'Gad hi nawr rwyt ti'n siarad gormod amdanyn nhw.' Ond fy nadl i yw fod pêl-droed yn cael sylw ddydd a nos, ie, a hynny haf a gaea.

Pan o'n i'n gweithio i Radio Ceredigion ac yn dal i drwsio ambell gar, ond llawer llai na'r arfer, fe fydde rhai yn y garejys yn tynnu coes a gweud taw DJ o'n i bellach a mod i wedi troi nghefen ar geir. Ac yna'n ychwanegu fel jôc: 'Pam na roi di ralïo ar y radio?' a finne'n ymateb: 'Ie, ie,' gan sylweddoli nad oedd hi'n gamp addas iawn i'r radio.

Ond wedyn fe wnes i feddwl, pam lai? Roedd rali leol yn dod lan ac fe wnes i ofyn i Wyn, ffrind i fi, fydde fe'n fodlon ffonio'i mewn bob hyn a hyn i roi adroddiad amdani. Roedden ni'n darlledu drwy'r nos ac felly fuodd hi. Wel, roedd yr ymateb yn anhygoel. Buan iawn y sylweddolon ni fod 'da ni *captive audience*. Roedd pobol yn ffonio i mewn yn holi be oedd yn digwydd, yn adrodd be oedd yn digwydd, yn tynnu coes. Ac roedd hyd yn oed rhai oedd yn cymryd rhan yn ffonio: 'Hei, Ger, ni mas o'r rali', peth a peth wedi digwydd, 'wedi torri lawr yn Llangwyryfon a ni ar y ffordd adre'. Hanner yn hanner,

Cymraeg a Saesneg oedd y rhaglen, achos roedd lot o Saeson yn dilyn y ralis ac yn cymryd rhan ynddyn nhw. A rhwng y galwade roedden ni'n chware recordie.

Fe fuo'r cyfan mor llwyddiannus, fe ges i wobr! Ges i'n nhwyllo i fynd i'r Metropole yn Llandrindod tua 1994/95 gyda gwahoddiad i fynd i ginio'r ralïo yno gan hen ffrind ysgol, Wyn Jones, dyn mawr yn y byd ralïo. Do'n i ddim wir isie mynd gan mod i dros fy mhen a nghlustie gyda gwaith ar y pryd, ac ro'n i'n hwyr yn cyrraedd a Wyn wedi ffonio Siw, 'y ngwraig i bryd hynny, i ofyn ble ro'n i. 'O, mae e ar ei ffordd,' medde hi. Ro'n i wedi bod yn fishi drwy'r dydd ac fe fu'n rhaid i fi ruthro. Ond fe gyrhaeddes i yno a chael nosweth dda a sawl peint. Dave Richards, dyn pwysig yn y byd ralïo, oedd y gŵr gwadd a fe oedd yn cyflwyno'r wobr *Contribution to Rallying*, ac er mawr sioc y fi gafodd y troffi. Do'n i'n gwybod dim byd am y wobr, a soniodd Wyn yr un gair am y peth.

Fe ges i'r wobr am gyflwyno ralïo i Radio Ceredigion, ac maen nhw yn dal i'w wneud e chware teg, gan roi sylw i sawl rali – Cilwendeg, Night Owl, Barcud, ralis y canolbarth 'ma i gyd. Mae pethe wedi dod yn llawer haws gyda ffone symudol, ac mae'n syndod cymaint o bobol o bell sy'n cysylltu gyda'r ralis yma a gyda'r rhaglen gan siarad yn fyw tan bedwar a phump o'r gloch y bore.

Mae fy niddordeb mewn ralïo wedi bod o fudd i fi fwy nag unweth. Dro yn ôl fe ofynnwyd i Anna fynd i siarad â'r plant yn eu Cwrdd Diolchgarwch yng Nghapel Rhydlwyd, ond roedd hi'n ffaelu mynd am ei bod yn gweithio. Fe berswadiodd hi fi i fynd yn ei lle, a'r hyn wnes i oedd sôn am gar Lightning McQueen yn y ffilm *Cars*, car nad oedd rhif cofrestru arno. Felly, dyma greu rhif cofrestru i'r car gyda help y plant. Fe aeth yn iawn, dwi'n meddwl, achos roedd gan y plant ddiddordeb ac roedden nhw'n gwrando ac yn ymateb yn dda. Ac wedyn, nes i orffen gyda rhif car D10 LCH, sy'n ffurfio'r gair 'Diolch'!

Pwy ydw i?

ROEDD MAM A Dad yn hanu o Ledrod, Dad o Dynrhelig, lle rwy'n byw nawr ac yn un o chwech o blant, a fe arhosodd adre i ffarmo. Roedd Mam yn ferch ffarm hefyd, merch Blaenwaun, Lledrod.

Wnes i rioed nabod Nhad-cu na Mam-gu ar yr un o'r ddwy ochor, gan fod y pedwar wedi marw'n gymharol ifanc, ac rwy'n teimlo i fi gael colled fawr, yn enwedig gan fod fy nhad yn un gwael iawn am siarad am ei deulu. Yn wir, ro'n i'n gwybod cyn lleied amdanyn nhw fel nad o'n i, na'm chwaer o ran hynny, yn gwybod am flynydde be oedd enw fy nhad-cu. William Lloyd oedd 'i enw ac roedd y teulu'n bobol capel mawr bryd hynny, Nhad-cu yn flaenor a Dad yn flaenor ar ei ôl e yng Nghapel Rhydlwyd, Lledrod. Rwy'n cofio'n iawn y bydde Dad yn mynd i'r capel deirgwaith bob Sul a ninne'r plant ddwywaith o leia – i'r ysgol Sul a'r cwrdd ac yn gorfod bihafio tra oedden ni yno hefyd!

Roedd ffarm Blaenwaun, cartre Mam, ryw filltir y tu fas i bentre Lledrod, i gyfeiriad Bronnant, ac roedd efail y gof yno hefyd gan fod ei thad yn of yn ogystal â ffarmwr. Fe fuodd e a Mam-gu farw'n ifanc iawn, pan nad oedd Mam ond 15 oed a'i brawd yn 17, marw o fewn ychydig iawn i'w gilydd fel o'n i'n deall, eto ddim yn cael llawer o'r hanes. Mae Tomos, y mab sy'n wyth oed, yn holi o hyd, isie gwybod a finne'n ffaelu ateb ei gwestiyne. Wn i ddim pam fod y teulu i gyd mor ddwedwst, capel, falle, yn eu gwneud yn fwy tawel, yn rhoi rhyw ddisgyblaeth arnyn nhw a'r syniad fod 'na bethe na ddylid byth eu gweud. Wn i ddim, ond roedd hi'n oes od, popeth yn gyfrinach rywsut a neb yn cael gwybod.

Fe fuodd Mam a'i brawd yn ffarmo Blaenwaun wedyn am flynydde ar ôl colli eu rhieni, a gorfod dysgu llawer wrth fynd ymlaen gan fod eu rhieni wedi marw mor ifanc. Roedd Mam a Dad yn amlwg yn nabod ei gilydd pan oedden nhw'n blant gan fod y ddou'n dod o'r un pentre ac yn mynd i'r un capel. Roedd llwybr cyhoeddus yn arwain o Blaenwaun a thrwy dir Tynrhelig i'r pentre, ffordd dda iawn i ddou ddod i nabod ei gilydd, ddwedwn i. Ar un adeg fe fydde Mam a'i brawd yn teithio i'r capel ar un beic. Un yn reidio am ganllath neu ddou ac yna gadael y beic ar y clawdd, y llall yn cerdded ato a reidio nes dal i fyny gyda'r un oedd wedi cerdded ymlaen, a fel'ny bob yn ail nes cyrraedd y capel. Pan ddaethon nhw'n ddigon hen, fe gawson nhw gar Austin Seven, ond fe nethon nhw ei foelyd ar gornel yn ystod eira un gaeaf.

Fe fydde Mam yn sôn llawer am y rhyfel, ac mae'n amlwg i'r blynydde hynny gael effaith fawr ar y teuluoedd i gyd. Roedd Dad yn sarjant yn yr Home Guard, ac roedd y dogni ar fwyd a dillad yn effeithio ar bawb. A hyd yn oed ar ôl i'r rhyfel ddod i ben roedd yr effeth yn para gan nad oedden ni'r plant yn cael rhai pethe oherwydd y rhyfel, a hynny flynydde lawer wedyn.

Fu dim rhaid i'n wncwl i, brawd Mam, fynd i'r rhyfel am ei fod e'n ffarmo, ac roedd 'y nhad yn ffarmo hefyd, ac ar ben hynny yn rhy hen, mae'n debyg. Mae'n drueni na ches i fwy o hanes y cyfnod hwnnw gan y ddou, achos mae'n siŵr fod llawer o bethe diddorol wedi digwydd yn ystod blynydde'r rhyfel, ond mae'r cyfan yn angof, wedi mynd gyda nhw.

Roedd hi sbel ar ôl y rhyfel cyn i'r ddou briodi, yn 1955 a bod yn fanwl gywir, ac fe ges i ngeni yn 1959 a'n chwaer Eira dair blynedd yn ddiweddarach. Ar ôl priodi, fe symudodd Mam i Dynrhelig ac fe aeth 'yn wncwl i, Wncwl Dai, i Lundain fel llawer un arall o Sir Aberteifi, i weithio yn y busnes llaeth. Fe werthon nhw Blaenwaun ac fe ddefnyddiodd Wncwl Dai ei siâr e o'r pres i brynu busnes iddo'i hun yn Holloway Road. Dwi'n gweud ei siâr e, ond dwi ddim yn gwybod a gafodd y pres ei rannu, neu gafodd Wncwl Dai y cwbwl? Pethe fel'na dwi ddim yn eu gwybod, manylion bach pwysig.

Dwi ddim yn gwybod sut y cafodd e afael ar fusnes yn Llundain ond dwi'n cofio fy chwaer a fi'n mynd yno'n blant gyda Mam, ar dripie Calethorpes, sef cwmni gwerthu *cakes* gwartheg a thripiau Bibby's. Tripiau i Sioe Smithfield oedden nhw ac fe fydde Mam yn manteisio arnyn nhw i fynd â ni i weld ei brawd. Ar y bỳs y bydden ni'n mynd, ac roedd y daith yn antur diwrnod mewn hen fỳs oedd yn eiddo i gwmni James Llangeitho, Bronnant yn ddiweddarach. Roedd Mam yn poeni, ofn i ni'r plant fynd yn sâl ar y bỳs, a doedden ni ddim yn cael bwyta dim byd nes cyrraedd yno. Yna, fe fydden ni'n aros nosweth neu ddwy yn Llundain ac rwy'n cofio bod siop Wncwl Dai ar y cornel. Roedd e wedi priodi Anti Bet ac roedd 'da nhw un ferch – Beryl. Roedd Anti Bet yn dod o Flaenpennal ac roedd y ffaith iddi hi fynd i Lundain yn cael ei hystyried yn antur fawr.

Roedd Mam yn meddwl y byd o'i brawd mawr. Nele fe byth ddim byd o'i le yn ei golwg a hynny, dwi'n meddwl, am eu bod nhw wedi gorfod tyfu lan 'da'i gilydd ar ôl colli eu rhieni. Fe fuo Wncwl Dai yn flaenor yng Nghapel Holloway am flynyddde cyn dychwelyd i Gymru ac agor siop ym Mronnant, ac fe fu byw tan 2009. Paddington Stores oedd enw'r siop ym Mronnant, addas iawn o feddwl i Wncwl Dai dreulio rhan helaeth o'i oes yn Llundain. Fe fuodd e'n flaenor ac yn drysorydd y capel – Capel Rhos y Wlad, Bronnant, am flynydde, enw a gymerwyd o enw'r ffordd gefn o Ledrod i Fronnant. A dyna enw'r ysgol hefyd. A hyd yn oed ar ôl symud i Faes-yr-haf, Rhydfelin, fe fydde'n dal i dychwelyd i gapel Bronnant bob Sul.

Fel y dwedes i, ddysges i fawr ddim gan fy nhad gan mai dyn tawel iawn oedd e, a'r unig dro yr oedden ni'n ei glywed e'n siarad pan oedden ni'n blant oedd pan oedd e'n cyhoeddi yn y capel neu'n cymryd rhan yn y cwrdd gweddi, a bob amser yn mynd ar ei linie i weddïo. Mam oedd yn pregethu. Siarade Mam drwy'r dydd a thrwy'r nos; doedd dim byd yn mynd heibio Mam. Hi oedd yn rhedeg pob peth adre, mewn a mas;

hi oedd y bòs, y *main spring*, ac roedd rhai pethe pendant na chaen ni eu gwneud – dringo dros ben gât, er enghraifft. Os bydden ni'n gwneud hynny, roedd hi'n sigo ac roedd raid i bob gât fod yn hongian yn iawn ac yn agor a chau'n berffaith. Rwy'n cofio y bydde Dad yn tyllu i lawr tua phum troedfedd er mwyn cael twll iawn i bostyn gât, ac roedd llawer o giatiau ar y ffarm, un o leia i bob cae, dwy i ambell un, a phob un yn gât bren, a phob un yn agor a chau.

Fe etifeddodd Dad lawer o ddawn ei dad ynte. Fe fydde'n gallu troi ei law at bopeth bron, dawn bwysig iawn i ffarmwr, yn enwedig un gweddol dlawd, ac fe fydde'r un mor selog yn gwneud jobsys bychain o gwmpas y capel. Mae rhai o bobol yr ardal yn cofio iddo fod yn cario'r post ar un adeg, a hynny ar fotor-beic, ac mae'n sicr fod yr arian ychwanegol yn help i fagu teulu gan taw ffarm fach oedd Tynrhelig.

Fe gafodd un digwyddiad pan oeddwn i'n blentyn effaith fawr arna i, effaith sy'n para hyd heddi. Pan oedd Mam a'i brawd yn ffarmo gyda'i gilydd, roedd 'da nhw un ci defed oedd yn fwy o gi anwes na chi defed. Wag oedd 'i enw fe ac yn y tŷ y bydde fe'n byw ac yn bod, hynny neu'n gorweddian o gwmpas y ffald neu wrth y drws cefn. Doedd e byth yn gweithio, ond pan fydde Wncwl yn gweud wrtho fe am fynd i nôl y papur, neu rywbeth felly, fe fydde'n mynd. Hen gi ufudd, ffeind iawn oedd e, yn fwy o blentyn nag o gi, ac yn cysgu yng nghôl Wncwl wrth y tân fin nos.

Pan briododd Mam fe ddaeth hi â'r ci gyda hi i Dynrhelig, ac un bore Sul, pan o'n i tua thair oed a Dad newydd fynd am y capel, fe lwyddes i agor drws y cefen a mynd mas i'r ffald. Roedd y ci o gwmpas, ac yn sydyn fe gnoiodd fi yn fy ngwyneb. Bach oeddwn i, wrth gwrs, a ngwyneb i bron ar yr un lefel â fe. Roedd golwg ofnadw ar fy moch, yn ôl y sôn; roedd e bron wedi'i chnoi hi bant yn llwyr ac roeddwn i'n gwaedu fel mochyn, a Mam yn gweiddi nerth ei phen ar Dad yn groes i'r cwm. Fe fues i'n lwcus, wir, jyst methu'n llygad i wnaeth e ac mae'r graith yn cyrraedd at 'yn llygad i ac i'w gweld o hyd. Fe fu'n rhaid mynd â fi i'r ysbyty yn Aberystwyth ac fe ges i nifer fawr o bwythe. Ro'n i'n rhy ifanc i aller cofio am y digwyddiad, ac eto mae 'da fi frith gof am bobol o gwmpas y lle mewn cotie gwynion, ond dyna'r cwbwl.

Dwi'n cofio hefyd i Mam weud, pan ddes i adre o'r ysbyty yn hwyrach y pnawn hwnnw, fod y ci wedi trigo, ac mae'n debyg na wnes i feddwl mwy am y peth ar y pryd, ond fel ro'n i'n tyfu'n hŷn roeddwn i'n naturiol yn rhoi dou a dou gyda'i gilydd ac yn dechre ame eu bod wedi cael gwared ar yr hen gi ar ôl yr hyn wnaeth e i fi. Ond na, medde Mam, trigo wnaeth e. Roedd y ci wedi dianc i rywle ar ôl fy nghnoi, fel tase fe wedi deall ei fod wedi gwneud rhywbeth na ddylse fe, ac fe aethon nhw i whilo amdano fe ym mhobman a dod ar ei draws e yn y sgubor yn farw. Roedd e'n hen, hen erbyn hynny, yn gwybod ei fod wedi gwneud rhywbeth o'i le, a phwy a ŵyr nad oedd e'n sâl ta beth, a taw hynny wnaeth iddo nghnoi i. Neu'n debycach o lawer, cenfigen oedd e. Mae anifeiliaid fel cŵn a chathod yn gallu bod yn genfigennus iawn pan ddaw plant bach i'r aelwyd a thynnu'r sylw oddi wrthyn nhw. Mae angen gofal gyda chi pan fydd babi bach o gwmpas, ac yn sicr fe welodd yr hen Wag ei gyfle i dalu'r pwyth yn ôl i fi am ddwyn y sylw oddi wrtho.

Ond fe gafodd y brathiad hwnnw effaith bellgyrhaeddol arna i. Does dim llawer o ofn dim byd arna i: fe af i ben unrhyw do a gwneud unrhyw beth, fe wna i fentro gwneud pob math o bethe, wynebu unrhyw sialens a roir i fi, ond mae arswyd cŵn arna i byth oddi ar hynny, er mod i wedi gwella peth yn ystod y pum neu chwe blynedd dwetha.

Mae rhai pethe sy'n digwydd i chi pan fyddwch chi'n ifanc yn gadael argraff arnoch chi am byth, ac wrth gwrs roedd Mam yn magu'r ofan yn'o i hefyd ar ôl i Wag fy nghnoi i – 'watsia'r ci 'na' oedd hi wedyn pan oedd ci yn agos. Roedd hi mor wyliadwrus a gofalus ohono i. O ganlyniad roedd gwirioneddol ofan pob ci arna i, a chan mod i'n byw yn y wlad, roedd cŵn o nghwmpas i ym mhobman. Fe fyddwn i'n crynu yn fy sgidie wrth fynd heibio tŷ lle roedd 'na gi ar y ffordd i'r ysgol, neu pan welwn i gi yn rhywle, ymhell neu'n agos. Fe ddatblygodd yn ffobia go iawn gen i. Y peth cynta fydde'n dod i fy meddwl i wrth fynd i rywle fydde 'oes ci 'ma?' Pan o'n i'n mynd i ffarm yn y car fe fyddwn i'n agor a chau'r drws heb gamu allan gan wybod, os bydde ci o gwmpas, y bydde'i reddf yn ei dynnu at y car yn syth pan glywai glep y drws yn cau.

Pan o'n i'n gweithio i Grooms fe ddatblygodd yr ofan yn hunlle, achos ro'n i'n gorfod mynd rownd garejys i ddelifro, a'r adeg honno roedd cŵn yn amal yn gwarchod y lle, a'r rheini'n gŵn mawr, Alsatians gan amla.

Rwy'n cofio'n arbennig un garej oedd ar y rownd, sef garej Jones, Llangrannog. Yn ôl y drefen roedd John Morgan, y rep, wedi bod o gwmpas yn casglu orders ddiwrnod neu ddou ynghynt ac roedd un ordor i Jones Llangrannog, ordor fach, bocs o blygs a thun o baent, os cofia i'n iawn, ac ro'n inne'n delifro ymhen diwrnod neu ddou. Dyma fi'n tynnu lan ar bwys y garej a beth oedd yn cerdded yn ôl ac ymlaen ond clamp o Alsatian. Roedd y tŷ ar bwys y garej ac roedd hi'n amser cinio, ac fe allwn i weld y teulu yn y tŷ yn cael eu cinio ac yn fy ngweld i'n iste yn y fan ac yn ofni mentro ohoni.

Dyma fi'n canu corn i dynnu sylw; dim byd yn digwydd. Canu corn eto, yr un peth. Roedden nhw am i fi ddod mas o'r fan a mynd â'r parseli i mewn i'r garej er mwyn iddyn nhw gael hwyl am fy mhen. A thrwy'r amser roedd y ci'n cerdded o gwmpas y fan yn araf gan sniffian, ddim yn gwneud sŵn na chyfarth na dim, yn cerdded fel pe bai'n aros i fi gamu mas. Ond fedrwn i ddim tase chi'n talu mil o bunne i fi, felly off â fi heb ddelifro. Gafodd e fod heb 'i blygs a'i baent!

Pan gyrhaeddes i 'nôl i Aberystwyth roedd Myrddin y bòs yn tampan achos roedd e wedi cael galwad ffôn o Langrannog, a dyma fe'n gofyn i fi:

'Pam nad ydi Jones Llangrannog wedi cael ei ordor?' A dyma fi'n gweud wrtho fe be oedd wedi digwydd.

'Wnaiff y ci ddim byd i ti,' medde fe.

Ond roedd yn hawdd iddo fe ddweud hynny.

'Ti'n gwybod mod i ofan cŵn,' meddwn i. 'Tase'r ci wedi bod yn yn sownd, byse popeth yn iawn.'

Dyma ddychwelyd i Langrannog ar y rownd yr wythnos wedyn, ac roedd y ci'n sownd, diolch i'r drefen. Popeth yn iawn, felly. Mas â fi o'r fan yn ddewr i gyd ac agor y drws ôl i estyn y parseli, a dyma'r ci'n dod amdana i. A beth oedd y diawled wedi'i wneud oedd bachu'r tsiaen hira allen nhw ei ffindo ar y ci, ac felly bant â fi nerth fy nhraed gan adael drws cefen y fan yn agored. Fe redes i mas i'r hewl a lan y tyle ac iste ar y clawdd ymhell o gyrraedd y ci. Ac fe aeth y ci at y fan wrth gwrs, roedd e'n gallu cyrraedd ati, ac fe arhosodd yno fel tase fe'n aros amdana i. Finne'n iste ar y clawdd am amser, nes y blinodd y ci, a mynd yn ei ôl i'w le. Wedyn, dyma fi'n rhedeg nerth 'y nhraed ac i mewn rywsut rywsut trwy gefn y fan a dringo dros y parseli a'r celfi i gyd ac i sedd y gyrrwr. Ac off â fi, ac fe fuodd yn rhaid i Jones Llangrannog wneud heb ei ordor yr wythnos honno wedyn!

Yr hyn fyddwn i'n ei wneud bob tro ar ôl hynny oedd cael ei ordor e'n barod a gollwng y parseli drwy'r ffenest a'i baglu hi odd'no gynted ag y gallwn i. Wedyn byddwn i'n ei chael hi gan Myrddin am nad oedd neb wedi seinio amdanyn nhw, ond mater bach iawn oedd seinio amdanyn nhw fy hunan.

Mewn llawer o garejys bryd hynny roedd Alsatians yn gwarchod, ond does dim cymaint erbyn hyn achos maen nhw wedi mynd yn beryglus ac mae ffyrdd eraill i'w cael o warchod eiddo, megis camerâu diogelwch. Dwi'n cofio ci mewn garej arall pan o'n i'n mynd ar y rownd, sef garej Bronnant. Yno roedd ci mawr yn sownd wrth gadwyn ac yn byw mewn cragen hen gar. Ond roedd e mor fawr a chry, nes roedd e'n gallu llusgo honno gyda fe pan fydde rhywun yn dod i'r garej. Fe fyddwn i'n cadw'n ddigon pell oddi wrtho fe, ond chollon nhw ddim byd erioed, roedd e'n warchodwr mor effeithiol.

Roedd ci mawr gan Ifor Thomas o Bont Creuddyn, ger Llambed – Ifor Creuddyn Bridge fel bydde fe'n cael ei alw. Ro'n i'n ffrindie mawr 'da Ifor ac yn mynd yno i gael partiau i'r ceir, yn y dyddie pan oedd popeth i'w gael mewn iard sgrap. Fe fydde'r ceir ar ben ei gilydd ac roedd hi'n le peryglus ac allen nhw gwmpo unrhyw bryd. Alsatian mawr oedd 'da fe, hen gi tua ugain oed fydden i'n meddwl, ac ro'n i wedi gweud wrth Ifor fod arna i ofan y ci. 'Wnaiff e ddim byd i ti,' medde fe, 'mae e'n ddigon diniwed.' Roedd bois adeg hynny'n cael hwyl am eich pen os oeddech chi ofan ci. Ond roedd e'n beth mawr i fi. 'Paid poeni,' medde Ifor, 'fe wna i'n siŵr fod y ci i mewn pan fyddi di'n dod.' Ond dwi'n cofio mynd gyda dou o'r bois eraill ryw dro i whilo am bartiau ac roedd y ci'n rhydd. Wnaeth e ddim cymryd sylw o'r ddou arall ond dod ata i'n strêt. Mae cŵn yn gallu gwynto rhywun sydd â'u hofan medden nhw, a hawdd y galla i gredu hynny.

Roedd cŵn ar y ffarm, wrth gwrs, cŵn defed, ac roedd y rheini'n iawn, roeddwn i'n gyfarwydd â nhw, er do'n i ddim yn trysto'r rheini chwaith, ac fe fase'n well gen i tase dim cŵn yno. Ond roedd yn rhaid eu cael ar ffarm odro. Yn rhyfedd iawn, ro'n i'n berffeth hapus gyda gwartheg a hynny er bod buwch a chanddi lo bach yn amal yn anifail peryglus iawn! Nawr, gyda Tomos, dwi'n trio peidio cyfleu'r ofan iddo fe. Roedden ni ar y traeth rywbryd yn ystod yr haf ac roedd ci yno yn rhedeg 'nôl a blaen, ac roedd Tomos yn chware gyda fe, yn taflu pethe iddo fe ac ati. Wel, ro'n i ar bigau'r drain ond yn ceisio peidio â dangos hynny iddo fe.

* * * * * * *

Maen nhw'n gweud taw mynd rownd mewn cylchoedd y mae bywyd, a dyma fi erbyn hyn yn byw yn ôl yn yr hen gartre – Tynrhelig. Pan briodes i â Siw, fe adeiladon ni dŷ fwy neu lai ar draws y ffordd i Dynrhelig ac fe fuon ni'n byw yno am ugain mlynedd. Wedyn, 'nes i gwrdd ag Anna ac fe fuon ni'n byw yn Bow Street am ryw dair blynedd.

Yn ystod y cyfnod yma fe fu fy nhad a'm mam farw ac roedd yn rhaid gwneud rhywbeth gyda Tynrhelig. Mae 'da fi un chwaer, Eira. Fe'i ganed hi ym Mis Mawrth 1962 pan oedd hi'n eira mawr. Mae hi wedi priodi ffarmwr, sef Huw, ac maen nhw'n byw yn Llangwyryfon ac mae dou o blant ganddyn nhw, Rhodri a Lowri. Mae Huw yn gweithio ar ffarm yn

Llanfihangel-y-Creuddyn, ond y fe sy'n ffarmo tir Tynrhelig, ac mae Eira yn gweithio gyda chwmni arwerthwyr Aled Ellis. Fe rannon ni'r ffarm pan fu ein rhieni ni farw, rydw i wedi cadw'r sied oedd wedi ei throi'n weithdy gen i a dwi'n byw yn y tŷ. Yn y rhan fwya o ffermydd yn y cyffinie yma mae'r tŷ ei hun ar y ffald, ond dyw Tynrhelig ddim, mae e ychydig bellter oddi wrth yr adeilade eraill.

Fi bia'r cae o flaen y tŷ hefyd, cae sy'n ymestyn ar un ochor at y ffordd fawr, yr A485 o Aberystwyth i Dregaron, a'r trac at y tŷ yn rhedeg wrth ei ochor. Hen gae gwlyb oedd e ar un adeg, a phan oedden ni'n blant dwi'n cofio y bydde pwll, tebyg i bwll hwyaid yn ei ganol. Roedd angen gwneud rhywbeth i sychu'r cae ac fe ofynnes i ffrind i fi, DJ, sef tad y chwaraewr rygbi Dafydd Jones, faint fydde hi'n gostio i ddraenio'r cae gan ei fod e'n contracto a chanddo JCB cymwys at y gwaith. 'Wnaiff e ddim costio ffortiwn i ti,' medde fe, oedd yn gwybod am y cae gan iddo fod o gwmpas yn clirio lot o stwff pan oedden ni'n ail-wneud y tŷ. Ond do'n i ddim yn siŵr, ac roedd yn rhaid cymryd amser i feddwl.

Ond yn ystod haf 2007 fe ffoniodd fi i weud bod y JCB 'da fe yn ymyl, ar ffarm Berthlwyd, ac y galle fe ddod draw i weithio i fi, a'r syniad oedd gwneud llyn ar ganol y cae. Ond do'n i'n dal ddim yn siŵr.

'Chostith e ddim gwerth i ti,' medde fe.

'Faint o amser gymerith e?' holes inne gan wybod bod amser yn golygu arian.

'Rhyw ddou neu dri diwrnod,' oedd yr ateb.

Ro'n i'n gweithio yn y sioe yn Llanelwedd yr haf hwnnw ac fe ffoniodd e fi yn fan'no wedyn a finne'n dal ddim yn siŵr, ond fe'm perswadiodd yn y diwedd.

Do'n i ddim yn barod i dalu am fwy na thri diwrnod iddo fe. Mae tâl diwrnod i'r bois yma'n gallu bod yn ddrud. 'Gad bopeth i fi,' medde fe. Ac fel'ny fu hi.

Roedd y gwaith ar Dynrhelig yn mynd ymlaen yr adeg yma a chan mod i yn y sioe roedd yn rhaid i Anna fynd draw bob hyn a hyn i weld bod popeth yn iawn. Fe aeth hi draw nos

Lun, ac roedd DJ wedi bod wrthi am ddiwrnod, falle ddou erbyn hynny. Fe ffoniodd hi fi yn y sioe.

'Geraint, mae 'na dwll mawr yn y cae.'

A dyma fi'n dechre panicio.

'Be ti'n feddwl wrth "fawr"?'

'O, mae e'n anferth, yn *massive!*'

Mae Anna'n ferch o Bow Street a ddim yn meddwl 'run fath â ni yn y wlad.

'Be ti'n feddwl "anferth"?' holes i wedyn. 'Bydde fe'n dala bỳs?'

'Bydde, siŵr o fod.'

'Dou fỳs?'

'Bydde, mae'n siŵr.'

'Ar ben 'i gilydd?'

Wedyn ges i syniad. 'Anfon lun i fi.'

Ac fe ges i lun erbyn bore Mawrth. Wrth gwrs, ar y pryd roedd e'n edrych yn waeth na beth oedd e, ond ar ôl gwasgaru'r pridd i gyd, doedd e ddim cyn waethed, er ma' fe'n dipyn o lyn. A ma' fe'n edrych yn neis erbyn hyn. Dwi'n torri'r borfa o'i gwmpas yn gyson nes bod y cae i gyd fel lawnt, a dwi 'di plannu coed yno hefyd, ond does dim pysgod yn y llyn hyd yn hyn.

Ro'n i wedi cael cwmni o gontractwyr lleol i wneud y gwaith ar y tŷ, gwaith oedd yn gorfod ffitio'r pres. Ro'n i wedi edrych ar ddigon o raglenni *Grand Designs* a phethe fel'ny, ac wedi llunio cynllun addas. Fe ddwedes i na fyddwn i'n galler gwario dim mwy na be o'n i wedi benderfynu, ac os oedd problem, iddyn nhw ddod ata i cyn cario mlaen. Wel, roedden nhw'n iawn, yn ardderchog a gweud y gwir, contractwyr lleol oedden nhw ac wedi casglu ynghyd lawer o bobol i'w helpu. Fel'ny maen nhw'n gwneud er mwyn gorffen y gwaith yn gynt. Roedd y llyn wedi'i orffen erbyn hyn ac roedd un o'r bois oedd yn gweithio i'r contractwyr yn bysgotwr.

'Oes pysgod yn y llyn?' holodd e fi yn Saesneg.

'Nag oes,' meddwn i, 'ond dwi'n bwriadu cael aligetor ynddo fe.'

'Jiw, jiw, sut gei di rywbeth fel'ny?'

'O'r sw' meddwn i. 'Fe ddaw rhywun draw i wneud yn siŵr fod y dŵr yn lân, a chyn belled nad oes tai yn rhy agos, a mod i'n codi arwydd i rybuddio pobol, does dim yn fy rhwystro rhag cael aligetor yn y llyn.'

Roedd crwt deunaw oed ar bwys yn gwrando ond ddwedodd e ddim byd, ac roedd y pysgotwr yn deall taw tynnu arno fe oeddwn i.

Chwe mis yn ddiweddarach fe ges alwad ffôn ar ryw berwyl gan Andrew, boi oedd yn ateb y ffôns yn stiwdio Aberystwyth. A dyma fe'n gofyn i fi sut oedd y tŷ'n dod ymlaen ac yn holi wedyn: 'Os gen ti aligetor yn y llyn?' Roedd y stori wedi bod yn dew yn yr ardal ac yn dal yn fyw chwe mis yn ddiweddarach! A'r crwt deunaw, mae'n amlwg, wedi'i llyncu'n llwyr.

Rwy'n byw yma yn Nhynrhelig erbyn hyn, yng nghysgod y Mynydd Bach, ac wrth fy modd.

PENNOD 7

O Ledrod i Dregaron

I YSGOL LLEDROD, naw milltir o Dregaron a naw milltir o Aberystwyth, yr es i i'r ysgol fach ac wedyn i Dregaron, i'r ysgol uwchradd, lle roedd rhyw 400 o blant. Ro'n i'n gwisgo sbectol er pan o'n i'n bump oed, ond ches i ddim trafferth o gwbwl yn yr ysgol fach, a dwi ddim yn cofio neb yn tynnu sylw ati na dim.

Ond roedd pethe'n wahanol yn yr uwchradd achos dim ond fi ac un bachgen arall – Simon King – oedd yn gwisgo sbectol, ac roedden ni'n cael ein bwlian o'r herwydd, ac yn cael ein galw'n 'four eyes' gan y plant eraill. Roedd hi'n amlwg fod nifer o blant eraill ddyle fod yn gwisgo sbectol am nad oedden nhw'n gweld yn iawn, ond fel'ny roedd hi bryd hynny, doedd gwisgo sbectol ddim yn beth trendi fel mae e heddi.

Dwi'n cofio mynd gyda Mam i destio'n llyged ac roedd yn gas 'da fi fynd, am fod arna i ofan yr optegydd. Falle fod hynny'n rhywbeth i'w wneud â'r cnoiad ges i gan Wag pan o'n i'n dair oed, a gorfod mynd i'r ysbyty a chael pwythe a gweld pobol mewn cotiau gwynion. Roedd arna i gymaint o ofan nes mod i'n sâl pan ddeuai'r deintydd i'r ysgol hefyd. Pa ryfedd mod i wedi treulio cyfnod o ddeugain mlynedd heb fynd i weld yr un doctor!

Ond roedd yn rhaid mynd i destio'n llyged bob hyn a hyn, yn enwedig yn y blynydde pan o'n i'n tyfu, ac roedd hynny'n hunlle, a Mam yn ffysian, ofn i fi dorri'r glasys. Ond dwi wedi tyfu lan 'da nhw ac yn meddwl dim byd am y peth. Ro'n i'n gwneud popeth fel pob bachgen arall, sbectol neu beidio.

Yn Ysgol Tregaron, doedd athrawon ddim fel 'sen nhw'n cymryd y peth o ddifri, neu ddim yn ymwybodol bod 'da chi broblem. Os oeddech chi yng nghefen y dosbarth ac yn gweud nad oeddech chi'n gweld y bwrdd du, wel tyff oedd hi. Neu falle'n amal fyddech chi ddim yn cyfadde'ch bod chi ddim yn ei weld e rhag bod plant eraill yn gwneud sbort am 'ych pen chi.

Roedd trics gen i wedyn i ddod i delere â'r sefyllfa. Roedd athrawon bryd hynny yn sgrifennu nodiade ar y bwrdd du ac yna'n gorchymyn i chi eu copïo. A'r hyn fyddwn i'n ei wneud oedd ceisio copïo hynny fedrwn i tra oedd yr athro'n sgrifennu. Y gore oedd Llew Biol achos fe fydde fe'n darllen yr hyn roedd e'n ei sgrifennu fel roedd e'n mynd yn ei flaen: 'The... eye... consists... of...' Roedd hi'n jobyn ara ac erbyn iddo orffen a gorchymyn: 'Take down the notes,' fe fyddwn i wedi gorffen.

Pan fyddwn i'n cael sbectol newydd fe fydde popeth yn grêt am sbel, wedyn yn raddol fydde'r llyged yn newid a fyddwn i ddim yn gweld cystal nes cael sbectol newydd arall. Ond y broblem fwya yn yr ysgol oedd rygbi. Allwch chi ddim chware rygbi yn gwisgo sbectol, mae'r peth yn amhosib.

Glyn Jones oedd yr athro chwaraeon, cyn-chwaraewr rygbi, ac roedd llawer ohonyn nhw mewn ysgolion bryd hynny, wedi bod yn chware eu hunain, wedi ffaelu cyrraedd tîm Cymru ac wedi mynd i ddysgu. Roedd sawl un â *chip* ar ei ysgwydd ac yn ceisio ennill drwy'r plant rywbeth nad oedden nhw wedi llwyddo i'w ennill eu hunain, yn ceisio creu chwaraewyr, sêr yn wir, mas o'r plant.

Dwi ddim yn gweld lot heb fy sbectol, ond 'tyff' oedd hi ac roedd yn rhaid chware. Roedd e'n hoffi gwneud rhyw ymarferion set: rhannu'r bois yn ddou dîm yn wynebu'i gilydd, a'r bêl ganddo fe, ac fe fydde'n rhoi arwydd tu ôl i'w gefn i'r tîm arall pa un ai i'r dde neu'r chwith y bydde fe'n towlu'r bêl. Yna, gyda'n tîm ni fe fydde'n cymryd arno'i thaflu un ffordd ond yn ei thaflu'r ffordd arall. Fethes i weld yr arwydd ac fe fethes i ddal y bêl.

'*What's wrong with you boy? Are you blind?*' holodd e fi.

'*Yes, Sir,*' meddwn inne.

'*Don't be cheeky, boy,*' medde fe, yn flin i gyd.

Ar y *wing* y byddwn i'n chware fynycha os gallwn i. Roedd hi'n saffach yn fan'no a do'n i ddim yn cael y bêl yn amal. Ond ro'n i'n un eitha da am redeg. Roedd Glyn Jones yn dysgu'r bois i chware'n ryff, yn eu towlu i mewn i'r sgrym, rhywbeth na fydde'n cael ei ganiatáu heddi. Ond roedd e'n cael dylanwad a chanlyniade da; roedd tîm rygbi llwyddiannus yn Nhregaron am flynydde, diolch iddo fe. Ond fe ddechreuodd ac fe bennodd fy ngyrfa rygbi i yn *Form One*!

Wedi hynny roeddwn i'n gwneud mwy o athletau gan mod i'n un da am redeg, ac wrth fy modd yn y *gym* hefyd, gan mod i'n fach ac yn ysgafn.

Mae fy ngolwg wedi bod yn rhwystredigaeth i fi sawl tro yn ystod y blynydde. Ro'n i'n becso am fy mhrawf gyrru, yn ofni ffaelu darllen y llythrenne, ffaelu mwynhau nofio, ffaelu gwisgo *contact lenses* yn y cyfnod pan ddaethon nhw'n boblogaidd am mod i'n gweithio yn y garej ac roedd gormod o ddwst yn y gwaith. Gorfod addasu hen sbectol wedyn i ralïo, a'i chael i ffitio'n iawn gyda'r helmed. Mae'r sefyllfa wedi gwella erbyn hyn wrth gwrs, a phethe wedi'u haddasu ar gyfer rhywun sy'n gorfod gwisgo sbectol. Ond wedi gweud hynny, chware rygbi ydi'r unig beth dwi wedi ffaelu 'i wneud oherwydd fy ngolwg, hynny a dim llawer o nofio chwaith am nad o'n i'n galler mwynhau.

Dwi wedi cael amal i *close shave* gyda fy sbectol. Y gwaetha oedd flynydde'n ôl pan o'n i'n ifanc ac mewn tafarn ar noson Sioe Aberystwyth. Yn yr Angel, gyferbyn â'r hen farchnad yr oedden ni, mewn disgo, ac roedd y lle dan ei sang a phawb yn dawnsio mewn hanner tywyllwch. Yn ddamweiniol, fe fwrodd rhywun fy sbectol oddi ar fy nhrwyn ac fe ddisgynnodd i'r llawr. Panics llwyr wedyn a dyma fi'n mynd at y DJ a hwnnw'n stopio'r miwsig a gweiddi drwy'r meic: '*Geraint Lloyd's lost his*

glasses.' Dyma'r gole mlaen a phawb yn whilo amdanyn nhw!
Ga'th rhywun afael ynddyn nhw, a diolch i'r drefen roedden
nhw'n gyfan a neb wedi damsgen arnyn nhw. Gwyrth yn wir!

Ond i ddod 'nôl i'r ysgol, Glyn Ifans oedd y prifathro, un
oedd wedi bod yn yr Ail Ryfel Byd, ac fe fydden ni'n cael ambell
ddarlith ganddo fe am yr armi pan fydde fe'n colli'i natur.
Ond yr adeg honno doeddech chi'n gwybod fawr ddim am yr
athrawon, ac roedd rhai yn Nhregaron nad o'n i'n gwybod eu
henw cynta hyd yn oed.

Roedd disgyblaeth lem yn yr ysgol bryd hynny a'r athrawon
bob un, gan gynnwys y prifathro, yn gwisgo clogyn. A doedd
disgyblaeth o'r fath ddim yn beth drwg i gyd.

Mae llawer o sôn am yr iaith ar y cyfrynge y dyddie yma,
a llawer un yn cael ei feirniadu am safon ei iaith. Dwi wedi'i
chlywed hi fy hun gan bobol, a phobol yn beirniadu ac yn
meddwl mod i'n llai o Gymro am mod i'n cyfri yn Saesneg, ac
mae hynny'n fy ngwylltio. Dwi ddim yn meddwl bod llawer
yn sylweddoli beth oedd iaith ein haddysg ni. O ran y plant
a'r athrawon, roedd Ysgol Tregaron yn ysgol Gymraeg, ond o
ran yr addysg roedd hi'n gyfangwbl Saesneg. Ac fe fydda i'n
dadle nad ydw i'n llai o Gymro na neb arall am mod i'n gweud
'y nhablau yn Saesneg. Fel'ny y dysges i nhw, maen nhw'n
rhan ohono i bellach ac mae hi'n rhy hwyr i newid.

Roedd hi'n sefyllfa od yn yr ysgol, a gweud y gwir, yr
athrawon i gyd yn Gymry Cymraeg ac yn siarad Cymraeg
gyda ni, ond wedyn yr addysg ffurfiol i gyd yn Saesneg. Roedd
pethe mor ynfyd â hyn – os oeddech chi wedi cambihafio yn
y dosbarth, fe gelech chi row yn Gymraeg ac wedyn gorfod
sgrifennu gant o weithie – *'I must behave in class.'*

Rydw i, felly, yn gynnyrch fy addysg, fel yr ydyn ni i gyd, ac
mae e'n fy ngwylltio i pan fydd plismyn iaith – o'u galw nhw'n
hynny – byth a hefyd yn mynnu rhyw gywirdeb annaturiol
nad ydi e 'da fi. Rydw i'n dal i gyfri yn Saesneg, ac yn Saesneg
y byddwn i'n arfer gweud rhife ffôn, ond dwi 'di llwyddo i
newid hynny erbyn hyn gan mod i'n gweithio drwy gyfrwng y
Gymraeg. Dyw Nghymraeg i ddim cystal ag y mae rhai pobol

Tynrhelig

Teulu Tynrhelig (o'r chwith i'r dde, cefn: Theo Lloyd, Tommy Lloyd, fy nhad; blaen: Henry Lloyd, Lallie Lloyd, Bronwen Lloyd, Trevor Lloyd)

Tommy Lloyd, fy nhad, yn Sarjant yn yr Home Guard

Criw Home Guard Lledrod

Mam a Nhad (Tommy a
Leah Lloyd) ar eu mis mêl
yn Llundain, 1955

Mam a fi, trip cynta i lan y
môr yn Aberystwyth, 1959

Nhad a fi o flaen y pier
yn Aberystwyth, 1959

Nhad a fi wrth y gwair gyda'r hen
Ffergi Fach, 1959

Fi yn fabi naw mis

Hyd yn oed yn dair oed roedd y
diddordeb yno'n barod mewn
peiriannau. Un o'r JCBs oedd yn gweithio
ar ddod â dŵr *mains* i Ledrod, 1962

Fi yn eira 1962

Mam, Eira fy chwaer a fi, 1962

Roedd Beti Griffiths Rhiwafallen yn galw'n amal yn Nhynrhelig ac roeddwn wrth fy modd yn gwrando ar ei straeon difyr

Teulu Tynrhelig, haf 1963

Mam, Eira a fi wedi gwisgo'n smart i fynd i'r gymanfa ganu yng Nghapel Rhydlwyd

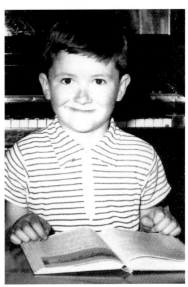

Fy ffrind Tim, yr oen swci a ddysgais i dopi pobol ddierth!

Yn Ysgol Gynradd Lledrod

Cario bêls yn y cae gwair.

Form 3 neu Form 4 yn Ysgol Uwchradd Tregaron. Roedd cael crib yn bwysig iawn y dyddie hynny!

Fy nghar cyntaf. Austin 1100 gwyrdd a'i rif yn NEJ 13K. Dim syndod na barodd yn hir!

Tynrhelig o'r awyr

Perfformio drama gyda CFfI Lledrod

Fy mhriodas gyntaf gyda Siw yng Nghapel Dihewyd, 1982

CFfl Lledrod yn ennill y Rali am y tro cynta erioed

Dathlu gyda chwpan Rali CFfl yng ngwesty'r Marine yn ôl y papur wal!

Un o gystadlaethau Rali'r CFfl yn Nhregaron

Yn y pits yn Donington ble roedd ffrind i ffrind i fi'n raso ac fe aethon ni i helpu fel mecanics

Mam a Nhad yn dathlu priodas berl – 30 o flynyddoedd!

'Bertha' y Land Rover y bues i'n cystadlu ar hyd y wlad ynddi. Doedd pethau ddim yn mynd fel yr oedden nhw i fod bob tro!

Cystadlu yn Eisteddfa Gurig gyda'r clwb 4×4

Rasio *comp safari* yn Clyro

Yn amal iawn roeddem yn teithio ymhell – i'r Forest of Dean!

Ennill pencampwriaeth tîm Prydain yn Clyro

Yn y lle iawn ar yr amser iawn! Deer's Leap, Epynt. Llun ga'th ei gyhoeddi yng nghylchgrawn y *Motoring News*

Ges i lot o hwyl yn y Mini yma ac ennill lot o *trophies*

Mae yna dipyn yn fwy o sgìl i'r dechneg gyrru 4×4 na mae dyn yn feddwl!

Ennill fy ras gyntaf erioed! Rasys *jalopy* Tregaron ddechrau'r 80au!

Mam-gu wedi dotio ar Carys, gafodd ei geni ar 10 Mai 1984

Carys yn fabi llond ei chroen

Y Farmers' Co-op yn Chalybeate Street, Aberystwyth, ble cefais fy swydd gyntaf

Ymddangosiad cyntaf y Sgweier ym Mhanto Felin-fach

Criw Panto Felin-fach. O'r chwith i'r dde, cefn: Y Ficer – Dafydd Aeron; Y Ciwrat – Dewi Morris; blaen: PC Penwag – Emyr Jones; Y Sgweier – Fi; Deina Dafis – Matti Evans

Rhai o griw drama Eisteddfod Genedlaethol Aberystwyth 1992, *Ffrindiau Anweledig*, a gynhyrchwyd gan Gareth William Jones

Darlledu gyda Radio Ceredigion o'r Sioe Fawr

Yn RAF Lyneham yn barod i fynd yn yr Hercules tua 1998

Y Range Rover dorrais i yn ei hanner er mwyn cael mynd i raso!

Yr hen ddreser pan o'n ni'n blant yn Nhynrhelig

Yn Brands Hatch ac yn cael yr amser cyflymaf ar y diwrnod!

Cael cyfle i ddreifo Ferrari ar drac rasio yng nghanolbarth Lloegr

Anna a fi yn Llundain

Mwynhau'r olygfa enwog yn
Efrog Newydd

Anna a fi'n priodi ar 14 Mehefin
2003

Mae hyd yn oed yr heddlu'n cael motor
beics crand yn Efrog Newydd!

Dwi bellach yn gwybod ble mae pob
ciosg yng Nghymru (y'ch chi'n gwybod
ble mae hwn?!)

Cinio cyntaf Clwb Bois y Loris yn Llety
Parc, Aberystwyth, Mai 2005

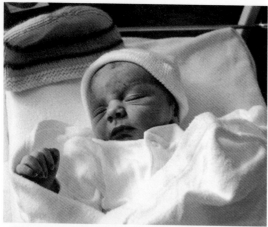

Tomos yn 20 munud oed,
4 Mai 2005

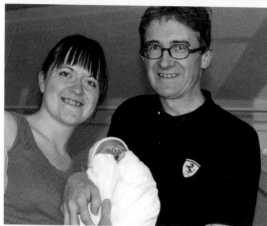

Tomos yn cwrdd â'i chwaer
fawr Carys am y tro cyntaf

Tomos yn y bygi 'nes i ei
adeiladu iddo o ddim byd!

Bendith priodas Anna a fi yng Nghapel y Garn, Bow Street, 12 Mehefin 2004

Anna a fi

Lowri, Tomos a Carys, Nadolig 2012

Graddio Carys, haf 2005

Tomos a fi yn ein hoff le – y sied!

Siân a fi yn y
Siop Leol

Darlledu o fws y BBC
gyda Bois y Loris
ym maes parcio y
Farchnad, Caerfyrddin,
yn y glaw!

Darlledu o
Bontarfynach

Dai Jones wedi
dod i recordo
Ar Eich Cais
yn stiwdio
Tynrhelig ar
ddiwrnod ei
ben blwydd
yn 70

Fi yn fy stiwdio adre

Anna, Tomos a fi ar ôl parti pen blwydd Tomos yn 8

Tomos yn gwisgo fy sbectol sbâr, isie bod fel dad!

yn meddwl y dyle fe fod! Ond Cymraeg naturiol Lledrod yw e, ac mae'n ddigon da i fi.

Pan o'n i'n gweithio mewn llefydd fel y Co-op a Grooms ac yn ralïo, roedd popeth swyddogol yn Saesneg, yn ffurflenni a chyfrifon a chyfarwyddiade. Ond roedden ni'n siarad Cymraeg gyda'n gilydd drwy'r amser – nid Cymraeg cywir, academaidd ond Cymraeg cyffredin bob dydd. Dwi'n derbyn bod yna radde o Gymraeg, a'i fod yn wahanol i wahanol bobol. Mae darllenydd newyddion yn cael sgript ac mae disgwyl i'r sgript honno fod mewn Cymraeg cywir. Dydw i ddim yn sgriptio fy rhaglenni gan taw siarad gyda phobol dwi'n ei wneud fwya ar fy rhaglen i, a hynny mewn Cymraeg naturiol.

Dwi ddim yn llai o Gymro am mod i'n defnyddio geirie Saesneg yn gymysg â Chymraeg. Dydw i ddim yn meddwl mod i'n defnyddio llawer o eirie Saesneg, beth bynnag, ond pan y'ch chi'n siarad gyda rhywun mae'n hawdd iawn mynd i ddefnyddio'r un geirie â'r person arall. Ond os defnyddiwch chi'r gair Cymraeg cywir pan fydd y siaradwr wedi defnyddio'r gair Saesneg, fe ddwedith wrthoch chi yn amal nad ydi e'n deall. Rhaid i'r sawl sy'n siarad gyda chi eich deall chi neu fe fydd pethe'n draed moch. Dwi'n cofio siarad unweth gyda dyn oedd â diddordeb mawr mewn hen beirianne ac roedd e'n gweud ei fod wrthi ers *twenty five years* a bod ganddo *steam engines* a *four by fours* a phethe o'r fath. Fel'ny roedd e'n siarad. Wel, doeddech chi damed haws o siarad Cymraeg cywir gyda fe, fydde fe ddim yn deall. Rhaid i chi addasu'ch iaith ar gyfer y rhai y'ch chi'n siarad â nhw. Ydi hynny yn fy ngwneud i'n llai o Gymro? Dwi ddim yn meddwl.

Fe ddywedwyd wrtha i mod i'n siarad yn llawer mwy naturiol ar y radio pan fydda i'n anghofio am y sefyllfa a ddim yn ymwybodol fod yn rhaid i fi siarad math arbennig o Gymraeg, mwy fel tasen i adre wedi ymlacio, a'r iaith yn dod yn rhwydd. Ond mae tafodiaith yn gallu peri anhawster ambell waith. Fe glywes rywun ar y radio ar ôl storm rywdro yn gweud bod y ffordd yn rhywle wedi cau oherwydd bod colfen wedi disgyn. Coeden oedd wedi disgyn ac nid coeden yw colfen ond cangen! Mae camddeall fel yna'n gallu achosi trafferth, a gwybodaeth anghywir yn cael ei rhoi i bobol.

Fe dyfes i lan heb fod yn ymwybodol o'r protestio mawr ynglŷn â'r iaith. Fues i ddim yn y coleg, dim ond mynd i weithio'n syth ar ôl gadael ysgol, a doeddwn i'n gwybod dim am Gymdeithas yr Iaith a'r protestio mawr. Do'n i ddim yn sylweddoli wir 'i fod e'n digwydd. Falle, taswn i yn y coleg ar y pryd neu wedi bod yn y coleg y bydde pethe'n wahanol. Falle y byddwn i'r cynta i ddringo i ben mast Blaen-plwyf!

I mi, y ddadl fawr 'ieithyddol' yw – beth yw swyddogaeth Radio Cymru ac S4C, ai achub yr iaith a gosod ei safon neu ei derbyn a'i defnyddio fel ag y mae hi? Mae sawl un yn dadle dros y safbwynt cynta, ond dwi ddim yn cytuno â hynny. Mae Rhodri Talfan Davies wedi gweud yn ddiweddar taw cynhyrchu a chyflwyno adloniant ydi pwrpas y gwasanaeth ac nid achub yr iaith, a dwi'n cytuno 'da fe. Diddanu ac adlonni ydi'r pwrpas, a gwneud hynny'n Gymraeg, ie wrth gwrs.

Dwi wedi cael sawl dadl am y Gymraeg. Mae popeth dwi'n ei wneud, bron, trwy gyfrwng y Gymraeg ac wedi bod fel'ny erioed, gyda'r Clwb Ffermwyr Ifanc, wrth ralïo gyda ffrindie, popeth dwi 'di wneud yn fy ngwaith a'm cymdeithasu. Maen nhw'n gweud fod y nifer sy'n siarad Cymraeg yn gostwng. Dwi ddim yn meddwl hynny; be sy'n digwydd ydi bod mwy o bobol yn byw yn y wlad nag oedd. Does dim llai o bobol yn siarad Cymraeg yn Lledrod nawr nag oedd pan oeddwn i'n blentyn, ond mae mwy o bobol wedi dod i fyw i Ledrod erbyn hyn a'r rheini'n ddi-Gymraeg. Pe bai'r bobol ddierth heb ddod yma, yr un faint fydde'n siarad Cymraeg. Dyw'r bobol sy wedi dod i mewn ddim wedi newid iaith Cymry Lledrod, a wnân nhw ddim. Tasech chi'n edrych ar yr ystadegau mae'r iaith wedi dirywio yn Lledrod, ond mater o ganrannau ydi e, nid o niferoedd.

Dwi'n meddwl ambell waith taw gelynion penna'r iaith ydi'r rhai sy'n trio'i hachub hi ac yn edrych ar Saeson fel gelynion. Pam edrych arnyn nhw fel gelynion? Allwch chi ddim gweld bai ar Saeson yn parhau i fod yn Saeson ar ôl dod i fyw i Gymru. Pan mae Cymry'n mynd i fyw i drefi Lloegr, maen nhw'n parhau i fod yn Gymry, nid yn troi yn Saeson, er falle mewn cenhedlaeth neu ddwy, Saeson fydd y plant neu blant y plant. Mae'r un peth yn gallu digwydd gyda Saeson sy'n dod i Gymru a'r plant yn mynd i ysgolion Cymraeg, ac mewn cenhedlaeth neu ddwy falle byddan nhw hefyd yn dod yn Gymry.

Dwi ddim wedi dysgu yr un iaith, wel hynny yw, ddim yn ymwybodol mod i beth bynnag. Mae'r Gymraeg a'r Saesneg wedi dod yn naturiol i fi, nid wedi 'dysgu' y Gymraeg a'r Saesneg ydyn ni yng Nghymru, nid yn yr un ffordd ag rydyn ni'n 'dysgu' iaith dramor. Rydyn ni wedi tyfu lan gyda'r ddwy iaith ochr yn ochr, ac felly mae'r ddwy yn dod yn hollol naturiol i ni.

Erbyn hyn rydw i'n cadw siop a chaffi gyda Siân, fy mhartner busnes, a phan mae pobol yn dod i mewn maen nhw wrth eu boddau'n ein clywed yn siarad Cymraeg, ac mae'r Saeson yn amal yn ffaelu deall sut yden ni'n gallu troi mor sydyn o siarad Cymraeg gyda'n gilydd i Saesneg gyda nhw. Alla i ddim esbonio'r peth – dim ond trwy weud eto fod y ddwy iaith wedi dod yn hollol naturiol inni.

Fel dwedes i, mae'r Saeson wrth eu boddau'n ein clywed yn siarad Cymraeg, pe bai ddim ond oherwydd y ffaith ei fod yn gwneud iddyn nhw sylweddoli eu bod mewn gwlad arall. Un yn unig sy wedi dod i mewn a chwyno ein bod yn siarad Cymraeg, a dynes sy wedi'i geni a'i magu a byw gydol ei hoes yn Aberystwyth ydi honno. Fe ddaeth i mewn un diwrnod a gweud: '*I like your shop but I can't stick all this Welsh, I don't know what's going on half the time.*' Ac fe ddwedes i wrthi y dylse hi fod yn deall yn iawn, ei bod hi wir yn deall, ond yn cymryd arni fel arall. Ie, wedi'i geni a'i magu yn Aberystwyth, ac wedi byw yno am dros hanner canrif erbyn hyn a dyna'i hagwedd. Mae'r bobol ddierth ar y cyfan wrth eu boddau'n clywed yr iaith. Rhaid gofyn eto pwy yn wir yw gelynion yr iaith?

Dwi'n beirniadu pobol fel pobol, boed nhw'n Gymry, yn

Saeson, yn Ffrancwyr neu ta beth ydyn nhw. Pobol yw pobol ac mae rhai anghydnaws i'w cael ym mhob man gan gynnwys Cymru – fel y wraig o Aberystwyth!

Roedd cwpwl i mewn yn y siop yn ddiweddar oedd yn ceisio dysgu Cymraeg. Maen nhw'n dod i mewn yn amal a cheisio archebu yn Gymraeg, ac maen nhw'n gwybod os dôn nhw yma na fydd yna ddim beirniadu arnyn nhw. Maen nhw'n gweud eu bod yn mynd i ambell siop ac yn cael eu beirniadu am eu diffygion yn y Gymraeg. Dou o Gwrtnewydd ydyn nhw, wedi dod yma i fyw o Halifax ac wedi dechre mynychu cyrsie Cymraeg. Ac maen nhw wedi gadael y cwrs am eu bod wedi cael eu beirniadu gan y tiwtor bob tro y bydden nhw'n llithro i'r Saesneg wrth siarad â'i gilydd. Maen nhw'n dal i ddysgu, yn dod i'r siop bob tro byddan nhw yn Aberystwyth, yn cwrdd â chyfeillion a mynd am beint ac yn y blaen, dou ddeallus iawn, ond wnaethon nhw ddim byd ohoni yn y dosbarth. Dwi wedi gweud wrthyn nhw nad oes ots os ydyn nhw'n defnyddio geirie Saesneg. 'Well, that's not the experience we've had,' oedd eu hateb. Rhaid gofyn eto, pwy yw gelynion yr iaith?

Un cwestiwn dwi'n ei ofyn o hyd ydi pam y'n ni yng Nghymru mor feirniadol o bawb a phopeth? Beth bynnag mae dyn yn ei wneud mae yna feirniadu arno fe. Ydi pethe 'run fath ym mhobman arall? Dwi ddim yn siŵr. Dwi ddim yn meddwl eu bod nhw. Ryden ni'n bobol sy'n hoffi ffindo bai ar bopeth a thynnu'r llwyddiannus i lawr. Ac mae'r un peth yn wir am Radio Cymru, a llawer o bobol yn barotach i farnu nag i ganmol. Yr un peth gyda'r siop mae Siân a fi wedi'i hagor. Mae pobol yn ddigon parod i ddatgan eu barn. Ry'n ni wedi cael llawer o gefnogaeth, do, ac rydyn ni'n awyddus i lwyddo er mwyn gallu hybu cynnyrch Cymreig. Mae cynnyrch gwledydd eraill yn cael ei werthu yn Aberystwyth, felly pam ddim cynnyrch Cymreig? Ond mae ambell un yn feirniadol, ambell stori'n dod yn ôl a sylwadau fel – 'Mae digon o bres 'da nhw, gweithio i'r Bîb, chi'n gweld, ac isie gwneud rhagor.' Na, nid dyna'r rheswm. Rydyn ni wedi sefydlu'r busnes er mwyn hybu cynnyrch lleol, dim mwy, dim llai. Diffyg hyder ydi e falle, mae angen inni fod yn fwy hyderus. Dwi'n credu bod ffermwyr wedi dechre'i gweld hi, yn llawer mwy hyderus yn hybu eu cynnyrch a'i ganmol. Ac mae e'n wir fod cynnyrch Cymru yn y pum i ddeng mlynedd dwetha wedi gwella'n rhyfeddol ac mae o safon uchel iawn erbyn hyn.

Gadewch inni ymfalchïo yn hynny, ac ymfalchïo bod 'da ni wasanaeth radio a gwasanaeth teledu yn Gymraeg, a'u bod yn frwydrau sy wedi'u hennill. Gadewch inni wneud yn fawr ohonyn nhw.

Ond gwell i fi ddod i lawr oddi ar fy ngheffyl! Fel y dwedes i cyn dechre ar y bregeth, do'n i ddim yn llawer o sgolor. Ro'n i'n byw ar fferm 60 cyfer, gydag un chwaer iau na fi, Eira. Godro â pheiriant a gweithio gyda thractors a pheirianne oedd 'y mhethe i. Fe aeth Dad yn wael – cafodd e bliwrisi, ac roedd Mam yn gorfod gweithio'n galed. Dwi'n sylweddoli hynny o edrych yn ôl, sylweddoli rhywbeth nad o'n i'n ymwybodol ohono ar y pryd. Gaea oedd hi a rhaid oedd iddi godi'n fore i odro. Roedd y llaeth yn mynd mewn *churns* i lawr i'r stand, ac roedd hynny'n dibynnu ar starto'r tractor, problem ym mhob tywydd oer. Wedyn roedd hi'n golchi'r llestri godro a gwneud brecwast i ni cyn inni ddal y bws ysgol am hanner awr wedi wyth. Fe wnes i ddysgu llawer ar y ffarm heb sylweddoli hynny, pethe fel sut i dyfu tato. A nawr mae 'da fi gae fy hun a dwi'n tyfu tato mewn rhan ohono, wedi dysgu'n grwt, ac mae Tomos gyda fi ac fe fydd e'n dysgu trwy esiampl hefyd. Torri gwair a gweithio gyda'r peirianne oedd 'y mhethe i, nid yr anifeiliaid. O ni ddim isie ffarmo, a gweud y gwir.

Do'n i ddim yn edrych ar yr ysgol fel dihangfa rhag ffarmo chwaith, er mod i wrth fy modd yno, wrth fy modd gyda'r cwmni, nid gyda'r gwersi, ac fe wnes i ymuno â chôr yr ysgol er nad o'n i'n ganwr mawr, dim ond er mwyn cael mynd ar dripiau.

Athro drama'r ysgol oedd Gareth William Jones ac roedd diddordeb 'da fi mewn drama, achos bod rhyw ferch yn y cwmni, siŵr o fod, ac fe wnes i ymuno tua Dosbarth 4 neu 5 a cholli gwersi eraill er mwyn mynd i'r sesiyne drama. Ar yr ochor dechnegol yr oedd fy niddordeb i, ac fe ddechreues helpu ar yr ochor honno a chael mynd i Steddfod yr Urdd yn Sir Fflint ac aros yn Nhreffynnon. Dechre wedyn gyda'r Clwb Ffermwyr Ifanc ac acto gyda chlwb Lledrod, a chael cyswllt gyda Felin-fach, mynd yno a helpu tu ôl i'r llwyfan. Roedd fy ngwraig gynta i, Siw, yn gweithio yn Felin-fach ac roedd tynfa'r ffordd honno hefyd. A dyma gael cyswllt gyda'r panto ac acto'r sgweiar ynddo am bum mlynedd ar hugain. Ac, wrth gwrs, yr un criw oedd criw Felin-fach â chriw Radio Ceredigion. Yr un cymeriade oedd cnewyllyn y panto bob blwyddyn hefyd, pobol Dyffryn Aeron oedden nhw, ac roedd pawb yn nabod pawb. Roedd cymeriade newydd yn dod bob blwyddyn a hanes newydd yn cael ei gyflwyno, rhywbeth oedd yn berthnasol i'r ardal.

Dwi ddim gyda nhw nawr ers ryw saith mlynedd. Roedd Anna, 'y ngwraig i erbyn hyn, hithe'n gweithio yn Felin-fach, yn swyddog ieuenctid, ond mae hi wedi gorffen yno leni a chael swydd yng Ngholeg Ceredigion. Roedd hi'n anodd i ni'n dou fynd i lawr i Felin-fach yn y nos, ond fe fuon ni'n gwneud hynny am beth amser. Roedd Tomos wedi'i eni ac roedden ni'n byw yn Bow Street am gyfnod bryd hynny, a thipyn o ofyn oedd mynd i lawr bob nos am bythefnos. Gwirfoddolwyr oedden ni i gyd. Fe fydde ymarfer bob penwythnos am fis, yna wythnos lawn o ymarferion ac wedyn panto bob nos am wythnos. A bywyd mor fishi erbyn hyn, does 'da fi ddim gobaith cwrdd â gofynion fel 'na, gwaetha'r modd. Ond mae dyddie Felin-fach yn haeddu pennod, neu hanner pennod o leia.

PENNOD 8

Ar y llwyfan

Y CAPEL A'R Clwb Ffermwyr Ifanc oedd fy meithrinfa gynnar. Gorfod gwneud popeth yn y capel a hynny'n amal yn groes graen gan mod i'n greadur reit swil bryd hynny a ddim yn hoffi perfformio'n gyhoeddus. Ond wnaeth e ddim drwg i fi, a dwi hyd yn oed wedi arwain y cwrdd bach yn y capel, cyfres o gyfarfodydd ddechreuwyd gan Gwilyn Tudur. Ond, yn anffodus, oherwydd amseriad y rhaglen radio, dwi'n colli mas ar y rhan fwya o gyfarfodydd cymdeithasol yr ardal erbyn hyn ac yn galler gwneud fawr ddim i helpu. Dwi hyd yn oed yn methu mynd i gyfarfodydd min nos ysgol Tomos. Dwi mor gaeth i amser yn cyflwyno'r rhaglen ag y basen i tasen i'n gyfrifol am fferm odro.

Fues i erioed yn Llangrannog na Glan-llyn gyda'r Urdd, wn i ddim pam, ond doedd pawb yn yr ysgol ddim yn mynd pryd 'ny, dim ond ambell un – a finne'n swil hefyd, mae'n debyg. Dwi'n cofio un achlysur yn unig pan deimles yr hoffwn i fod wedi mynd i Langrannog, a hynny am fod dou neu dri o'n ffrindie i o'r ysgol yn mynd. Ond roedd y gost yn uchel a dim llawer o arian ar y ffarm bryd hynny, ac roedd hi'n adeg anffodus o'r flwyddyn – adeg cynhaea gwair.

Ond fe fues i'n aelod brwd o'r Clwb Ffermwyr Ifanc Lledrod, gan ymuno pan oeddwn i'n un ar bymtheg oed. Dyna oedran ymuno ar y pryd, mae e'n llawer iau erbyn hyn. Roeddech chi'n tyfu lan yn ffast iawn bryd 'ny achos roeddech chi yng nghanol bois mawr, rhai lawer hŷn na chi. Y troeon cynta yn y clwb roedd yn rhaid i chi ddiodde cryn dipyn o dynnu coes. Fe fydde rhai'n ei alw fe'n fwlian heddi, ond digon diniwed oedd e mewn gwirionedd.

Wedyn, ar ôl bod yn aelod am ryw flwyddyn, roeddech chi'n cael swydd, a dwi'n cofio cael fy ngwneud yn ysgrifennydd. Wrth gwrs, doedd dim dewis i'w gael – doedd gwrthod ddim yn opsiwn o gwbwl. Hwn a hwn yn gadeirydd, hwn a hwn yn drysorydd – 'Reit, Geraint, ti yw'r ysgrifennydd.' Fel'ny oedd hi. A'r cyfan roeddwn i'n ei gael oedd rhestr o be oedd isie'i wneud, a'r dasg gynta bob blwyddyn oedd trefnu sosial lle bydde clybie eraill yn dod at aton ni i gael nosweth gymdeithasol.

Newydd gael y ffôn roedden ni yn Nhynrhelig, tua 1977 ffor'na, a do'n i ddim wedi arfer ei ddefnyddio. Ond yr hyn roedd raid i fi ei wneud gynta oedd ffonio, ac ro'n i'n teimlo'n eitha nerfus. Gorfod ffonio Gwyn Davies, Llanddewi, oedd yn gyfrifol am ddod â'r clybie at 'i gilydd, a Mam yn ffysan ac yn fy atgoffa o hyd ac o hyd i ffonio, ac yn fy mhen i drwy'r amser. Felly, mentro rhoi galwad iddo fe yn y diwedd a gweud yn swil:

'Helo, Geraint sy 'ma, fi yw ysgrifennydd Clwb Lledrod...'

'O, ti isie trefnu sosial?'

A finne mor falch ei fod e'n gwybod be oeddwn i isie heb orfod esbonio iddo. Rywsut roedd y galwade nesa yn lot rhwyddach ar ôl torri'r iâ fel'na.

Yn Festri Rhydlwyd, y capel yn Lledrod yr oedd y sosial, yn y 'long room' fel y gelwid hi, er taw stafell sgwâr oedd hi, nid un hir! Cael paned a pheth bwyd y bydden ni a chware gême wedyn er mwyn i bawb ddod i nabod 'i gilydd. Roedd trefnu yn golygu cysylltu trwy lythyr â chlybie eraill yr ardal – Llangwyryfon, Tregaron, Trisant a Llanddeiniol. Yna trefnu gweddill y rhaglen: nosweth gwis, cael gwahanol bobol i siarad, cinio Nadolig, pethe fel'na.

Dyna sy'n wych gyda'r clybie, mae rhywun o hyd yn cael cyfle i fagu hyder. Tybed fyddwn i'n gweithio ar y radio, yn siarad â phobol hwnt ac yma fel hyn taswn i heb fagu'r hyder yn y clwb? Dwi'n amheus. A heddi mae rhywrai eraill dibrofiad yn cael yr un cyfle i fagu sgiliau fel hyn. Pan fydd rhywun yn cysylltu â fi ac yn gofyn i fi fynd i ryw glwb neu'i gilydd i wneud rhywbeth, dwi'n gwybod yn union shwt maen nhw'n teimlo! Nos Fawrth oedd nosweth y clwb a hynny am wyth o'r gloch, ar ôl godro a swper. Mae'n dechre'n llawer cynt erbyn hyn gan taw plant ysgol yw'r aelode. Ac wrth i'r amser fynd heibo ro'n i'n cael profiade gwahanol a newydd, a'r cam nesa, am wn i, oedd bod yn aelod o'r tîm siarad cyhoeddus.

Cadeirydd o'n i'n lico bod, ond y troeon cynta, ar y panel oeddwn i, a bryd hynny – mae pethe wedi newid nawr – doedd dim modd paratoi ymlaen llaw achos doedd neb yn cael gwybod y testun tan y nosweth ei hun. Cael tri phwnc a siarad ar y tri, a rhyw chwarter awr i baratoi tra oedd y tîm o'ch blaen chi ar y llwyfan, dyna'r drefen. Dwi'n cofio un o'r tri phwnc gafon ni – 'Y Frigâd Dân ar Streic' gan fod streic bryd hynny a'r Green Goddesses mas yn eu lle. Bydde'n rhaid gwneud yn siŵr fod un o leia yn siarad o blaid ac un yn erbyn, er mwyn cael dadl. Wrth gwrs, fe fydden ni wedi ymarfer yn y clwb ymlaen llaw, ymarfer gyda phyncie eraill er mwyn i bawb wybod beth oedd ei ran ar y nosweth. Roedd pedwar yn y tîm amser 'ny, tri yn siarad ac un yn cadeiro.

Dwi'n cofio'r tro cynta'n iawn: rhaid mod i rhwng dwy ar bymtheg a deunaw gan mod i wedi pasio fy mhrawf gyrru, ond yn cael lifft gan rywun arall y nosweth honno. Yr arfer, mae'n amlwg, oedd mynd am ddrinc bach i'r Brynog, un o ddwy dafarn Felin-fach, cyn dechre. *Fatal!* Y lle'n llawn, pawb yn gwneud yr un fath, y rhai hŷn yn mynd â ni, y rhai iau. Ac fe fydde'n rhan o drefen y nosweth fod rhywun yn mynd lan i'r Brynog i 'nôl y tîm nesa oedd i fod i gystadlu!

Wedyn roeddech chi ar y llwyfan yn ymwybodol eich bod chi wedi cael peint ne' ddou, ac yn meddwl eich bod wedi perfformo'n dda, prun a oeddech chi ai peidio. Dwi'n meddwl taw ffordd y rhai hŷn o weud man a man iddyn nhw'i gael e mas o'u system nawr oedd hyn, achos roeddech chi'n callio'n weddol glou, a'r flwyddyn wedyn yn cael drinc ar ôl perfformio, nid cynt. Do, fe ddysgon ni lot wrth fod yn rhan o'r tîm siarad cyhoeddus!

Y cam nesa oedd cymryd rhan mewn cystadlaethau drama. Yr hyfforddwr oedd Dewi Thomas, ficer Llanilar, ac yn y ficerdy y bydden ni'n ymarfer. Athro hen ffasiwn oedd e a dramâu hen ffasiwn roedd e'n eu dewis. Y Llythyr oedd un dwi'n ei chofio. Roedden ni'n griw eitha da bryd hynny, nifer ohonon ni tua'r un oedran, a bydden ni'n ymarfer unweth yr wythnos ac yn ymddwyn yn barchus gyda'r ficer, ac roedd rheole pendant i'r ymarfer bob tro. Dechre ar amser a bennu am hanner awr wedi naw. Ac yna fe fydden ni'n galw am beint yn y Falcon ar sgwâr Llanilar ar y ffordd adre.

Yr adeg hynny roedd tafarne'n ei gwneud hi'n iawn gyda chlybie o bob math yn eu cefnogi – pŵl, darts, Ffermwyr Ifanc. Roedd tafarn ym mhob pentre bron. Mae pethe wedi newid erbyn hyn a llawer ohonyn nhw wedi cau, fel y Brynog yn Felin-fach.

Roedd y cystadlaethau siarad cyhoeddus cynta dwi'n cofio cymryd rhan ynddyn nhw yn cael eu cynnal yn y Ganolfan Addysg. Ond gawson ni fynd i Theatr Felin-fach ar gyfer y ddrama, ac fe syrthies i mewn cariad â'r lle y tro cynta bues i yno, yn enwedig y tu ôl i'r llwyfan lle mae'r offer rheoli'r goleuade a phethe fel'ny. Roedd e'n lle ffantastig. Dwi'r un fath o hyd, tu ôl i'r llwyfan sy'n apelio fwya pan fydda i'n darlledu o rywle.

Beth bynnag am hynny, y ddrama gynta yr elon ni gyda hi i'r theatr oedd drama am fois yr hewl – A'r Bore a Fu (Nansi Pritchard), ac roedd ciosg yn bwysig yn y ddrama – a'r ddrama honno newidiodd bethe i ni fel cwmni ac i fi fel unigolyn. Dyma addo i'r ficer y bydden ni'n gofalu am gael ciosg, ac fe aeth Emyr Rhosgoch ati a gwneud ciosg cyfan llawn maint gyda chipboard – anferth o beth trwm, anhylaw, ac roedd angen fan i'w gario fe draw i'r theatr!

Y rheolwr llwyfan bryd hynny oedd Dennis Birch, enw ddaeth yn adnabyddus iawn wedyn, ac roedd e a rhyw foi bach arall, Sais, yno i'n helpu. A dyma holi – yw'r ciosg yma'n *fireproof?'* A ninne'n edrych yn hurt arno fe. A dyma fe'n tanio'i leitar a'i ddal wrth y ciosg. Jocan oedd e, wrth gwrs, ond roedd egwyddor bwysig ar waith hefyd – pwysigrwydd diogelwch a rheole theatr. Ond fe ddysgon ni bryd hynny taw awgrym sy isie ar lwyfan, nid y peth cyfan, a bydde un ochor o giosg, dwy ar y mwyaf, wedi bod yn ddigon, yn hytrach na chreu un cyfan yn hinjys a drws yn agor a phopeth. Fe fydde'n ciosg ni wedi gwneud ciosg ar bwys yr hewl!

Ro'n i'n acto un o fois yr hewl yn y ddrama ac maen nhw'n yfed te a bwyta brechdane ar y dechre, ac roedden ni wedi cael ordors i ddod â'r pethe hynny gyda ni. Ond doedd 'da fi ddim te yn y fflasg, a phawb yn gweud bod yn rhaid cael y peth iawn ac nid esgus yfed. Dyma fynd i ofyn i staff y theatr allen nhw helpu, a dyma ferch yn cynnig gwneud te ar gyfer y fflasg. Ac fel'ny fuodd hi. Rhuthro i'r llwyfan wedyn a'r ddrama'n dechre gyda'r ddou ohonon ni'n iste lawr i gael paned. Ond roedd y te'n rhy boeth, allwn i mo'i yfed e. Be wnawn i – ei roi 'nôl yn y fflasg? Roedd yn rhaid gwneud rhywbeth gyda fe achos roedd yn rhaid rhoi'r caead yn ôl ar y fflasg, ac o'r caead ro'n i'n yfed. Roedd yn weddol amlwg yn fuan iawn i'r gynulleidfa fod 'na broblem am fod y te yn rhy boeth ac roedd rhai wedi dechre chwerthin. Wel, yr hyn wnes i oedd yr hyn fydde bois yr hewl wedi'i wneud, ei daflu ar lawr y llwyfan. Dwi ddim yn meddwl bod staff Felin-fach yn gwerthfawrogi hynny ond fe ganmolodd y beirniad naturioldeb yr olygfa!

Ar y diwedd es i 'nôl i ddiolch i'r ferch am wneud y te i fi a gweud:

'Fydd arna i beint iti.'

'Iawn,' medde hi. 'Bydd raid i ti ddod i lawr 'ma 'te.'

'Reit-o 'te, ddo i draw ryw nosweth,'

Fe es i'r Brynog am beint yr wythnos ganlynol a dyna sut wnes i gyfarfod â Susan Davies, ysgrifenyddes y theatr – Siw, fy ngwraig gynta!

Ro'n i wrth fy modd yn mynd i'r theatr wedyn, roedd Siw yn atyniad wrth gwrs, ond ro'n i wrth fy modd yn helpu hefyd os oedd rhywbeth mlaen, ac yn raddol yn dod i wneud mwy

a mwy a dod yn ffrindie mawr 'da Dennis Birch, a fi yw tad
bedydd ei fab. Ro'n i'n cael helpu gyda'r llwyfan i ddechre ac
wedyn gyda'r sain, ac yna'r goleuadau. Dafydd Aeron fydde
yng ngofal y golau bryd hynny. Ac, wrth gwrs, bydde'r panto'n
cael ei gynnal bob blwyddyn a finne'n mynd i lawr yno i
helpu, ac yn gwneud pob math o jobsys. Yna, un flwyddyn
holodd Dafydd fi i helpu gyda'r goleuadau yn y panto. Wel,
roedd hynny'n ddyrchafiad i fi! Fe fuodd Dafydd yn y theatr
am flynydde, tan yn ddiweddar yn wir; mae e wedi mynd yn
'ffeirad erbyn hyn.

Rhyw flwyddyn wedi i fi ddechre gyda goleuadau'r panto
fe roddodd Euros Lewis, y cyfarwyddwr ar y pryd, ran i fi
yn y cynhyrchiad nesa, sef rhan y sgweiar, a fues i'n actio'r
sgweiar am chwe mlynedd ar hugain. Ro'n i'n mynd yn hŷn
bob blwyddyn wrth gwrs, ond roedd y sgweiar yr dal yr un
oedran am y chwe mlynedd ar hugain! A'r un mor ddidoreth
a'r un mor ddwl, ac yn y dechre yn siarad mwy o Saesneg nag
o Gymraeg. Dim byd i'w wneud â theip-casto wrth gwrs!

Roedd sgript i'r panto, debyg iawn, ac roeddwn i'n gofyn
amdani ymhell ymlaen llaw, ond fydde hi byth yn barod! Ro'n
i'n cael trafferth darllen a dysgu llinelle. Doedd dim problem
pan o'n i yn y Clwb Ffermwyr Ifanc, ro'n i'n gallu dysgu wrth
fy mhwyse, ond roedd pethe'n wahanol gyda'r panto. Fydde'r
sgript ddim yn dod tan ryw fis cyn y perfformiade, a phan
fydde hi'n cyrraedd, bydde pawb yn gorfod darllen ei ran,
ac roedd yn gas 'da fi wneud hynny. Ro'n i'n whilo drwy'r
sgript i weld ble bydde'r sgweiar yn ymddangos er mwyn
mynd dros y rhan gan nad oeddwn i'n lico darllen ar y pryd
yn gyhoeddus.

Dwi'n credu bod gen i dwtsh o *dyslexia*, er dwi rioed wedi
cael y prawf. Ond yr hyn wnaeth i fi feddwl hynny ydi i fi
ddarllen llyfr, yn weddol ddiweddar yn wir am hanes Jackie
Stewart, y gyrrwr Fformiwla 1 o'r Alban. Pan oedd e'n blentyn,
bydde fe'n osgoi pob achlysur lle roedd angen darllen yn
gyhoeddus, ac os oedd e'n perfformo sgript roedd e'n union
yr un fath â fi, isie cael y sgript ymlaen llaw er mwyn mynd

drosti cyn ei darllen yn gyhoeddus. A'r unig ffordd fydde fe, fel fi, yn dysgu oedd yn y practis ei hun, a dysgu'n hawdd yn y practis oherwydd yr holl ganolbwyntio ar y geirie, ond doedd trio dysgu adre'n da i ddim!

Yn ei lyfr mae Jackie Stewart yn sôn i'r ysgol awgrymu bod gan ei fab *dyslexia*. Fe ofynnodd Jackie, oedd tua deugain oed erbyn hyn, alle fe hefyd gael prawf, ac fe gafodd a darganfod ei fod ynte'n diodde, a bod y tad a'r mab yr un fath yn union. 'Sai'n siŵr hyd heddi ond rwy'n ame fod twtsh o *dyslexia* arna i. Mae'n gas gen inne ddarllen dim byd yn uchel; ddysga i e'n ddigon rhwydd, ond ei ddarllen mas, na. Dyna un rheswm falle pam nad ydw i'n lico cymryd rhan mewn rhaglenni lle mae angen sgript, a pham fod rhaglenni siarad gyda phobol yn apelio mwy ata i.

Roedd tipyn bach o fantais 'da fi yn Felin-fach achos taw Siw oedd yn teipio'r sgript, ac ro'n i'n ei chael hi dipyn bach o flaen y lleill ac roedd hynny'n help mawr. Ro'n i'n galler marco mas bopeth roedd raid i fi ei weud.

Y peth cynta fydde'r sgweiar yn 'i wneud oedd rhedeg i lawr steirie'r awditoriwm yn gweiddi '*Charge!*' ac yna camu i'r llwyfan gan holi: 'Blacks, blacks, lle maen nhw?' Fydde Euros yn dangos i fi sut i wneud – acto fel rhywbeth hanner call a dwl. Fydde'r fath sgript hiliol ddim yn cael 'i chaniatáu heddi, debyg iawn. Cymeriad boncyrs oedd y sgweiar, yn byw yn ei fyd bach ei hunan, yn gwisgo het Sherlock Holmes, sef het mynd-a-dod a bŵts reido. Yr un siwt fuo 'da fi yr holl amser y bues i'n perfformio ac roedd hi'n dal i ffitio hyd y diwedd er ei bod hi'n rhacs ac wedi'i gwnïo wrth ei gilydd sawl gwaith gan Gwenfudd James, meistres y gwisgoedd.

Cymeriade Dyffryn Aeron oedd y cymeriade, yr un rhai bob blwyddyn gydag ambell ychwanegiad, ac roedd y gynulleidfa'n eu nabod a hynny'n ychwanegu at y sbort. Roedd y stori'n wahanol, wrth gwrs, ac yn newid bob blwyddyn. Ac fel mae'r blynydde wedi mynd heibio mae mwy a mwy o ganu ac o ddawnsio wedi dod yn rhan o'r panto, gan gynnwys corws o rai ifanc. Fe fydde'r tocynnau'n mynd ar werth ar Hydref 1af bob amser, ac erbyn deg o'r gloch y bore fe fydden nhw wedi mynd i gyd – deg perfformiad, un bob nos a thri ar y Sadwrn. Roedd pawb oedd yn y cast yn gwneud y gwaith yn ddi-dâl, pawb yn gwirfoddoli. Ro'n i'n teithio ugain milltir bob nos yn ystod y pythefnos ola ac ar nosweithie'r perfformiade. Ac ryden ni wedi gwneud ffrindie oes drwy'r panto.

Elfen bwysig yn y panto am flynydde oedd y ffilm, ffilm ddu a gwyn, ffilm o olygfeydd oedd yn berthnasol i'r stori, a honno'n cael ei dangos fel rhan o'r perfformiad. Un flwyddyn, rhan o'r stori oedd mynd draw i Iwerddon, a fuon ni ar long Stena Line o Abergwaun yn ffilmo, mynd gro's 'nôl a mlaen i Iwerddon, ond heb fynd i'r lan. Treulio'r amser ar y llong yn ffilmo gwahanol olygfeydd. Euros drefnodd hyn; roedd ei wraig e'n dod o Abergwaun ac roedd y ddou'n nabod pobol oedd yn gweithio ar y llong ac yn gwybod pwy i gysylltu ag e.

Ffilmo wrth fynd ac yn yr harbwr yn Iwerddon wnaethon ni, a chael joio ar y ffordd yn ôl. Ond roedd hi'n stormus iawn ar y môr wrth i ni ddychwelyd, a chysgu neu geisio cysgu wnaeth pawb yn hytrach na joio.

Wedyn, un flwyddyn naethon ni ffilm yng Nghei Newydd a roedd 'da ni *beach buggy*, wedi cael ei fenthyg gan ryw foi oedd yn byw yn Llwyncelyn. Roedd Euros wedi dod i'w nabod trwy Clive Harpwood, oedd yn byw ar y pryd yn Derwen-gam, ac wedi cael ei ganiatâd i ddefnyddio'r *beach buggy* yn y ffilm. 'Nôl yn yr wythdegau oedd hyn pan oedd *beach buggies* yn boblogaidd ac yn trendi.

Roedd y perchennog yn amheus braidd ac yn foi ffysi iawn, ac fe ofynnodd Euros i fi fydden i'n galler cael trelar a Land Rover i'w nôl. A fel'ny fu hi, ond roedd y boi'n ffysian ac yn dipyn o niwsans; yn y diwedd dyma gael y bygi ar y trelar ac off â ni. Ond off â'r bygi hefyd, yn glir o'r trelar yn y jyncsion yn Llwyncelyn, ac fe fuo'n rhaid rhuthro i'w gael e 'nôl cyn i'r perchennog ddod rownd y cornel. I lawr i'r cei wedyn a gyrru ar y traeth, a ffilmo'r ficer yn y bygi a'r frigâd dân yn dod yno a phethe felly. Dro arall, cafodd y sgweiar ei gario mewn bwced

JCB trwy stryd fawr Llambed, a thro arall wedyn roedd gyda ni hen garafán, a thwll wedi'i dorri yn y to er mwyn dringo drwyddo ac esgus chware o gwmpas ar ei phen.

Fe gawson ni'r Brodyr Gregory yn rhan o'r ffilm un flwyddyn, a Gwyndaf Evans y gyrrwr rali dro arall. Ac roedd y ffilmo'n digwydd ta beth oedd yr amgylchiade, ta beth oedd y tywydd. Rhyfedd na chafodd neb ddolur, a gweud y gwir. Dwi'n cofio un flwyddyn – roedd y sgweiar yn gorfod gorwedd ar lawr yn y maes parco ac Iwan Jenkins yn dod â'i JCB ac yn esgus fy nghodi i yn y bwced. Wel, yr unig ffordd i wneud hyn oedd ei wneud e'n iawn. Gawson ni un practis: fi'n gorwedd i lawr, Iwan yn dod ac yn aros gyda'i fwced fodfedd neu ddwy cyn 'y nghyrraedd i, a finne'n rowlo i mewn i'r bwced a chael 'y nghodi lan yn uchel. All llawer o bethe fynd o'i le ac fe gaen ni'n condemnio heddi am ddangos y ffilm. Ond fel'ny roedd hi bryd hynny, cyn i ddeddfau iechyd a diogelwch roi stop ar bethe. Ond fe fydden i'n trystio Iwan gyda mywyd – ac fe wnes i!

Roedd isie ambell shot wedyn o ben y garafán, a dyna lle bydde Euros ar ei ben yn ffilmo a hithe'n cael ei thynnu trwy Lambed, a hynny gan Forris 1,000, o bopeth, gan taw'r ficer oedd wedi mynd â'r garafán yn y stori, ac roedd yn rhaid iddo gael ei ffilmo'n colli reolaeth arni yn Llambed.

Roedd gwneud y ffilmie yma'n sbort ac fe fydde'r cynulleidfaoedd yn y panto wrth eu bodde achos roedden nhw fel rhyw *back-drop* i'r hyn fydde'n digwydd ar y llwyfan.

Dwi'n cofio un flwyddyn ffilmo'r bỳs, y 'siarabang bang' fel y câi ei alw, yn mynd o Aberaeron i Lambed ar yr ochor anghywir i'r hewl. Ac i wneud hynny roedd yn rhaid inni stopio'r traffig a hwnnw'n draffig pnawn Sul yn yr haf. A gwneud hynny bob hyn a hyn bob cam i Felin-fach. Roedd hyn yn arloesi mewn ffilmo doedd dim dowt, a gweledigaeth Euros oedd y cyfan; roedd e'n dipyn o foi, a doeddech chi ddim yn gweud 'na' wrth Euros.

Roedd ceffyl 'da ni un tro – cobyn Cymreig mawr du, eiddo Nicola Maes Mynach, Cribyn, merch Angela Rogers Lewis

(Davies), y gantores adnabyddus. Mae hi'n sylwebu erbyn hyn yn y prif gylch yn y sioe fawr, ac yn gwneud hynny ar dro o'r goets sydd yn mynd o gwmpas y prif gylch, ond gan amla mae hi yn y tŵr – tŵr Sir Benfro. Mae hi wedi ennill droeon gyda'i chobiau ei hunan.

Fe fuodd criw'r panto, lawer ohonyn nhw, gyda'i gilydd am flynydde, er bod rhai newydd yn dod a rhai'n mynd gan fod chwe mlynedd a'r hugain yn amser hir. Mewn blocie y bydde'r rihyrso'n digwydd, golygfeydd gwahanol ar wahanol adege, ac yna'r cyfan yn cael ei wau at 'i gilydd yn y diwedd. Prin oedd y rihyrsals llawn, os o gwbwl, cyn diwrnod y perfformiad cynta, ac Euros Lewis fydde'n cynhyrchu bob tro.

Dwynwen Lloyd Llywelyn sy'n gyfrifol am y panto erbyn hyn, a hynny ers rhai blynydde. Roedd hi wedi dechre cynhyrchu cyn i fi roi'r gore iddi fel sgweiar. Roedd pethe'n mynd yn anodd i fi erbyn hynny – y rhaglen radio ddim yn gorffen tan wyth a'r panto'n dechre yr un pryd, ac erbyn y blynydde dwetha doedd y sgweiar ddim yn cyrraedd y llwyfan tan tua hanner awr wedi wyth er mwyn i fi gael amser i gyrraedd Felin-fach. Ambell waith ro'n i'n recordo hanner awr ola'r rhaglen, ond doedd hynny ddim yn bosib bob amser. Os gallwn i, fe fyddwn yn anelu i adel Aberystwyth am hanner awr wedi saith.

Bydde Dwynwen yn ffonio fi am wyth:
'Ble rwyt ti?'
Finne'n gweud: 'Yn Cross Inn.'
'Reit, fe dddechreuwn ni'r panto nawr.'
Ond os o'n i'n cael fy nala 'nôl ro'n i'n dala dechre'r panto 'nôl. Fyddwn i'n cyrraedd â ngwynt yn fy nwrn, yn gwisgo fel y sgweiar, a'r peth cynta fyddwn i'n ei wneud wedyn yn y blynydde dwetha oedd hedfan i mewn drwy'r llenni nes mod i'n mynd dros hanner y gynulleidfa ac yna swingo 'nôl i'r llwyfan. Ond, o nosweth i nosweth, fe fydde'r panto'n codi sbid, a'r golygfeydd yn digwydd yn gyflymach, ac amser cyrraedd a pharatoi yn mynd yn fwyfwy tyn i fi. Rhyw ddwyawr a hanner fydde hyd y panto ar ddechre'r wythnos, ond dwyawr a

chwarter fydde fe erbyn y diwedd.

Buodd Anna yn gweithio yn Felin-fach, yn swyddog ieuenctid, ac fe geisiodd fy nysgu i ddawnsio! Fe briodon ni yn 2003 ac roedden ni yn y panto gyda'n gilydd, ond 2004 oedd y flwyddyn ola i fi. Fe gafodd Tomos ei eni yn 2005, a dyna gyfnod o chwe mlynedd ar hugain, ddechreuodd yn ôl yn 1978, yn dod i ben i fi.

PENNOD 9

Y lle gore'n y byd

MAE POB ARDAL yn newid, ac mae'r rhai fu'n byw i ffwrdd o'u bro am flynydde ac yna'n dychwelyd yn gweld y newid hwnnw'n amlwg. Nid felly'r rhai sy wedi aros yn eu hardal gydol y blynydde gan fod pob newid yn raddol a dyn yn dod i gynefino â newid felly heb yn wybod, bron. Dyna fy mhrofiad i gan na fues i erioed yn byw ymhell o'r pentre, ar wahan i'r cyfnode yn Nihewyd, Llangwyryfon a Bow Street.

Ond, o aros a bwrw meddylie'n ôl, mae cryn newid wedi bod ac mae'n dal i ddigwydd. Yn gymharol ddiweddar, aeth tyddyn ar werth yn yr ardal, Rhydlwyd, y tŷ roes ei enw i'r capel, gan i Ieu farw y llynedd, a chynhaliwyd ocsiwn yno. Bron cyn iddo fynd ar werth roedd cwpwl o Essex wedi bod yn ei weld. Mae'n rhyfedd meddwl bod llawn mwy o hysbysebu ar y lleoedd hyn y tu fas i Gymru gan arwerthwyr nag sydd yna yn lleol.

Rwy'n tybio i berchennog Rhydlwyd rywdro roi darn o dir ar gyfer adeiladu'r capel, a taw dyna pam y galwyd e wrth yr un enw. Fel y dywedes eisoes, roedd Nhad yn flaenor brwd ac ymroddgar yn y capel ac fe fydden ni'r plant yn cael ein llusgo yno i'w helpu gyda'r cynnal a'r cadw, y peintio a'r trwsio, y glanhau a'r twtio tu fas.

Roedden ni'n gyson yn y capel ar y Sulie hefyd, ac yn cerdded yno fel pawb arall, cerdded yr hanner milltir heibio Rhydlwyd, ac roedd hynny'n broblem fawr i fi gan fod cŵn yno. Mynd yn dawel bach heibio ond y cŵn yn clywed bob tro! Brawd a chwaer oedd yn byw yno am flynydde, ond mae'r ddou wedi marw erbyn hyn.

Fydde neb yn breuddwydio cerdded heddi, ac yn sicr fydde neb yn meddwl am anfon plant i gerdded ar eu pen eu hunain. Mae Tomos yn wyth oed a does dim ysgol yn Lledrod, ond pe bai yna un, fydde fe ddim yn cerdded yno. Ond roedden ni'n cerdded i'r ysgol ac i bobman, a hynny pan oedden ni'n iau nag yw Tomos heddi. Mae cymaint mwy o draffig erbyn hyn nag oedd bryd hynny. Elfen arall bwysig oedd yn bodoli bryd hynny, oedd fod y gymdeithas yn un glòs a phawb yn nabod ei gilydd, a phawb yn gofalu am ei gilydd. Galle Mam a Dad fod yn dawel eu meddwl fod digon o lyged yn ein gwylio wrth inni gerdded drwy'r pentre, i lawr y ffordd a thros bont afon Wyre, a digon o freichie'n barod i'n cynnal pe bai angen.

Roedd modryb inni, Anti Lallie, yn byw mewn tŷ bychan yn y pentre, Wyre View; roedd hi wedi symud o Dynrherlyg pan briododd Mam a Dad. Yna'r drws nesa i Anti Lallie roedd Mr a Mrs Morgan, Bwlch Graig, ac fe fydden nhw wastad o gwmpas pan oedden ni'n mynd i'r ysgol, ac yn rhan o ddiogelwch cymdogaeth, diogelwch nad oedden ni bryd hynny'n ymwybodol ohono. Roedden ni'n nabod pawb, hyd yn oed y cŵn a'r cathod! Roedd ffrind gore Mam yn byw yn y pentre, Jeno – Jeno Williams, gwraig weddw er pan oedd hi'n ifanc, a byddwn i'n ei galw'n Iau, ond does 'da fi ddim syniad pam!

Roedd Jeno yn dipyn o gymeriad a doedd dim yn digwydd yn y pentre nad oedd hi'n gwybod amdano. Roedd ei thŷ yn orlawn o *ornaments*, a phan fyddwn i'n mynd yno gyda Mam fe fyddwn i'n gorfod iste'n llonydd ar y soffa, rhag ofn i'r *ornaments* 'i cha'l hi!

Gyferbyn, yn Nhy'n Graig, yr oedd Mr a Mrs Andrews yn byw, y ddou'n gerddorion ac yn rhoi gwersi cerddoriaeth i blant y fro – y fe gyda'r ffidil a hithe gyda'r llais. Fe fydde Mr Andrews yn mynd o gwmpas ysgolion i roi gwersi a hithe'n rhoi gwersi canu yn ei thŷ, a hwnnw'n dŷ crand dros ben. Fe fues i'n cael gwersi ganddi am gyfnod, ond doedd fawr o siâp arna i a doedd 'da fi fawr o ddiddordeb, ac os nad oedd 'da chi ddiddordeb, fydde ganddi hi ddim chwaith.

Roedd siop yn Lledrod, fel ym mhob pentre bron bryd hynny, a John a Millie Davies yn ei chadw. Pan o'n i tua phedair i bump oed, fe fabwysiadon nhw ddou blentyn sef Andrew a Michael. Dou Sais oedden nhw, ac fe ddaethon nhw i Ysgol Lledrod. O'n i ddim yn eu deall nhw, a doedden nhw ddim yn ein deall ni! Ond fe ddaeth Andrew a fi'n ffrindie mawr a thrwyddo fe y dysges i Saesneg, ac fe ddysgodd e Gymraeg hefyd wrth gwrs. Roedd e'n dipyn o gymeriad a Michael, ei frawd, yn dawelach, yn fwy o sgolor. Fe fydde Andrew yn dod i Dynrhelig i chware yn amal ar fin nosau ac ar y Sadwrn, a ninne'n cael sbort mawr yn y tŷ gwair wrth wneud twneli yn y bêls, rhywbeth oedd yn beryg bywyd wrth gwrs, tasen ni ond yn sylweddoli hynny. Roedd gan Andrew a Michael fwy o ben blaen na ni'r Cymry, ac fe fydden ni'n edrych lan atyn nhw gan eu bod wedi gweld mwy na ni. Plant ffermydd oedden ni yn Lledrod, a heb weld fawr ddim byd, ond fe fydden nhw'n ein hedmygu ni hefyd, am ein bod mor gyfforddus yng nghanol anifeiliaid, anifeiliaid fel brogaod nad oedden nhw erioed wedi gweld eu tebyg cyn dod i'r ardal.

Ro'n i'n edrych ymlaen at fynd i Ysgol Tregaron gydag Andrew, ond yn anffodus wedi i John gael damwain wrth facio'i fan o flaen y siop a tharo'i wraig, a'i gwasgu yn erbyn y wal, damwain achosodd iddi dorri ei chefn. Fe werthwyd y siop ac fe symudodd y teulu i Swindon, ond fe fu hi fyw yn hirach na fe yn y diwedd. Cadwodd Andrew a fi gysylltiad â'n gilydd trwy lythyr am rai blynydde, ac mae rhai o'i lythyron 'da fi o hyd. Fe gafodd e job gyda chwmni electronig ac mae'n byw yng Nghanada nawr ers blynydde. Colli cyswllt yn raddol wnaethon ni a bellach does dim cysylltiad o gwbwl rhyngon ni. Trueni am hynny hefyd, ond dyna sy'n digwydd yn amal wrth i rywun dyfu lan ac i fywyd fynd yn fwy bishi o hyd.

John a Millie Davies oedd y Saeson cynta i ddod i'r pentre, er bod gan John gysylltiade Cymreig ac wedi dysgu Cymraeg, – Cymraeg crand, Seisnig oedd ganddo, a bydde'n siarad yn debyg i sgweiar. Ond Saesnes bur oedd Millie. Roedd y siop yn gwerthu popeth, nid bwyd yn unig ond pethe fel polion ffensio, netin weiar a bwyd cŵn.

Ysgol fach oedd Ysgol Lledrod, ond chlywes i erioed am unrhyw fygythiad i'w chau bryd hynny, er bod ysgolion eraill i'w cael yn agos, yn Llanilar a Bronnant a Swyddffynnon. Ysgol fach fuodd hi erioed, heb fwy na rhwng deg a phymtheg o blant ynddi. Dwi'n credu taw rhyw 25 oedd y nifer fwya fuodd yno ar unrhyw adeg; fydde'r adeilad ddim yn gallu dal mwy na hynny, ta beth. Mae hi wedi cau erbyn hyn a'r rhan fwya o'r plant, fel Tomos, yn mynd i Ysgol Rhos y Wlad ym Mronnant, gyda rhai'n dewis mynd i Lanilar. Dwi'n cofio'r holl blant oedd yn yr ysgol 'da fi – Ieuan, Stafell Wen; Owen, Martin ac Eirian, Llwyn March Gwilym; tri o Gwm Llechwedd – Dyfrig, Ann a Nia; a dou arall, Gwilym a Defi John o Waun Bant. Rhyw bymtheg oedd yn yr ysgol i gyd. Roedd Cwm Llechwedd tu fas i Ledrod, lan i gyfeiriad Swyddffynnon, ac os oedd pump Cwm Llechwedd a Waun Bant yn ffaelu cyrraedd yr ysgol ar rai dyddie oherwydd y tywydd yn ystod y gaea, roedd pawb yn cael mynd adre gan fod traean yr ysgol yn absennol.

Ysgol un athrawes oedd hi, Mrs S. M. B. Jones, a wnes i erioed ddeall am beth roedd y llythrennau SMB yn sefyll. Plismon wedi ymddeol oedd ei gŵr ac roedd arnon ni ei ofan, fel roedd ofan Mrs Jones arnon ni. Roedden nhw'n byw yn Nhŷ'r Ysgol, ar bwys yr iard. Mae llawer i'w weud dros gael athrawon yn byw yn eu cymuned ac yn rhan ohoni, yn dod i nabod y rhieni a theuluoedd y plant yn ogystal â'r plant eu hunain.

Ysgol un athrawes, ie, ac ysgol un stafell hefyd – gyda grât yn ei chanol. Yn y gaea bydde pawb yn iste o amgylch y tân ac fe fydde'r llaeth yn cael ei gynhesu nes y bydde'r hufen yn byblo mas dros y top. Roedd yfed y llaeth ganol bore yn ddefod bwysig er bod y rhan fwya ohonon ni, blant, yn byw ar ffermydd ac yn debygol o fod wedi cael llaeth i frecwast hefyd.

Cyn i fi fynd i'r ysgol uwchradd roedd y sgolarship neu'r 11+ wedi dod i ben a rhyw brawf sirol wedi'i roi yn ei le diolch am hynny – llai o brawf na'r 11+, prawf gyda phatrymau o lunie a deiagramau a phethe felly, prawf deallusrwydd o ryw fath, mae'n debyg. Roedd yn beth lwcus i fi fod yr hen arholiad wedi dod i ben neu rwy'n amau fyddwn i wedi pasio'n ddigon da i fynd i Dregaron.

Gan fod yr ysgol yng nghanol y pentref, roedd modd gweld pobol yn mynd heibio wrth edrych drwy'r ffenestri, ac roedd patrwm arbennig i'r mynd a dod hwnnw. Fe wydden ni pwy fydde'n pasio, ar ba ddiwrnod ac i ble y bydden nhw'n mynd. Roedd patrwm byw pobol y pentre yn y chwedegau i'w weld o fla'n ein llyged ni yn gyson. Hwn a hwn yn mynd i Aberystwyth bob dydd Llun, rhai eraill i Dregaron ar y dydd Mawrth a fel'ny drwy'r wythnos yn rheolaidd ddigyfnewid – a hyn i gyd yn dangos cyn lleied o draffig oedd yn mynd drwy'r pentre bryd hynny.

Roedd hi'n gymuned glòs tu hwnt ac roedd hynny weithiau'n anfantais i ni'r plant. Roedd tŷ bychan ar bwys y siop gydag arddangosfa gwerth ei gweld bob gwanwyn o ddaffodils mewn potiau y tu fas. Un diwrnod, wrth fynd heibio adre o'r ysgol fe dynnais un o'r blode a'i daflu i'r afon un ochor i'r bont ac yna croesi er mwyn galler ei weld yn ymddangos yr ochor arall. Drannoeth dyma andros o row gan y brifathrawes yn yr ysgol am fy ngweithred, a row arall wedyn gan Mam ar ôl cyrraedd adre. Dyna pa mor glòs oedd y gymuned, a'r wraig wedi cwyno am golli un blodyn wrth y brifathrawes ac wrth Mam. Heddi fe allech ddwyn y potiau cyfan a fydde neb yn sylwi.

Fe fydde Mam yn mynd i'r siop yn gyson bob dydd, i moyn bara a'r papur, y *Daily Mail*. Pam y *Daily Mail*, wn i ddim, wnes i erioed ofyn, ond hwnnw oedd y papur. Doedd Mam yn prynu fawr ddim arall yno, ar wahân i siwgwr a the, mae'n debyg, gan fod cymaint o'r bwyd yn cael ei gynhyrchu adre ar y ffarm.

Roedd siop arall yn Lledrod bryd hynny. Erw Llan oedd enw honno, a gwraig o'r enw Annie oedd yn berchen arni. Rhyw dddwywaith neu dair y flwyddyn ar y mwya y bydde

Mam yn mynd i fan'no, ac roedd hynny'n ddigwyddiad arbennig. Fe fydde hi yno am awr go dda yn rhoi'r byd yn ei le, a bydde ninne'r plant yn cael llond bola ar sefyllian ac isie mynd adre. Y Dolig oedd un achlysur, i brynu bocsys bisgedi a'r gacen Dolig, a'r troeon eraill pan oedd rhywbeth arbennig yn digwydd adre neu yn y capel – diwrnod cneifio ar y ffarm neu'r Gymanfa Ganu yn y capel.

Cyn y Gymanfa bob blwyddyn, bydde'n gas 'da ni'r plant glywed y cyhoeddiad yn y capel: 'A wnaiff y chwiorydd sefyll ar ôl i gael trafod y *Bring and Buy* a bwyd y Gymanfa.' Bydde hynny'n golygu bod yno am hanner awr, fwy weithie, yn gwrando ar y trafod mawr diflas – sut roedden nhw'n mynd i rannu prynu'r bwyd rhwng y ddwy siop! Bron nad oedden nhw'n gweithio'r pethe fel bod union yr un faint yn cael ei wario yn y ddwy, rhag bod y pwyllgor yn dangos ffafriaeth i un siop yn fwy na'r llall.

Roedd adeg cynhaea gwair yn amser mynd i siopa i Erw Llan hefyd, er mwyn cael rhywbeth bach ychwanegol ar gyfer y bwyd gan fod llawer o bobol yn dod i helpu. Roedd adeg y cynhaea gwair yn amser wrth fy modd. Bêls bach oedd hi bryd hynny, a John Pant yr Oen, y contractiwr lleol, fydde'n dod draw i fêlio. Roedd contractiwr arall, Peter, yn gweithio yn yr ardal hefyd ac wrth chware byddwn i'n esgus bod yn John Pant yr Oen, a'n ffrind i'n Peter, gan ddynwared sŵn eu tractore. Fe fydde John yn mynd i rai ffermydd a Peter i'r lleill, ac yn yr ysgol roedd hi'n gystadleuaeth prun oedd y gore, a'r plant yn cymryd ochre, bron fel gyda thimau pêl-droed. Wrth gwrs, fe fyddwn i'n gefnogol i John gan taw fe fydde'n dod acw ac fe fydde'n amal yn gadael i fi gael reid ar y tractor.

Roedd cael gafael arno fe i ddod i fêlio yn broses bwysig ac anodd. Roedd yn rhaid ei fwcio ymlaen llaw a Mam yn ffys i gyd gan taw hi fydde'n trefnu, yn mynd i'r ciosg i'w ffonio ac yn cael gafael ar Olwen, ei wraig, a rhoi neges iddi. Honno wedyn yn trio cael neges iddo fe, achos doedd dim ffôn symudol bryd hynny na chownt bob amser lle bydde John ar y pryd. Os câi Mam wybod, bydde hi'n mynd yn y car ar ei ôl – Triumph

Herald erbyn hynny – ac ynte'n addo trio dod cyn diwedd y dydd. Fe fydde pawb yn gofyn amdano yr un pryd wrth gwrs ac roedd hi'n anodd iddo fe ei dal hi ym mhobman. Gelon ni ffôn yn Nhynrhelig yn y diwedd, ac roedd hynny'n beth mawr ac yn hwyluso pethe'n arw.

Pan oedd y bêls wedi'u gwneud ac angen eu cario adre – amser hynny roedd y sbort i ni'r plant, a dyna pryd y bydde pobol yn dod i helpu. Richard Rhiwallen, tad Beti Griffiths, cyn-brifathrawes Llanilar, fydde'r cyntaf. *Lengthman* yn gweithio i'r Cyngor oedd e, a fe dysgodd fi shwd i hogi cryman, ac rwy'n dal i aller gwneud, a bob tro y bydda i wrthi fe fydda i'n meddwl am Richard Rhiwallen.

Roedd swper mawr ar y diwedd a llawer o sbort a sbri bryd hynny. Fe fydden ni'r plant isie i John ddod yn hwyr y pnawn i fêlio. Bydde'n rhaid godro, a chario'r bêls wedyn ac os oedd hi wedi dechre tywyllu, roedd hi'n fwy o antur fyth. Ro'n i'n meddwl mod i'n byw ar ffarm fawr iawn gan ein bod ni'n cario bêls wedi iddi nosi. Fe ddois yn ddigon hen wedyn i ddreifo'r tractor a bydde'n ffrindie i'n dod i helpu a ninne'r plant yn cael cyfle i wneud y gwaith ein hunain tra bydde Dad a Mam yn godro. Codi'r bêls i'r trelar a gorlwytho'n amal, a'r llwyth yn chwalu a chwympo wrth inni fynd yn rhy gyflym. Dad yn gweiddi wedyn, yr unig amser erioed i fi ei glywed e'n codi'i lais, achos llwyth yn chwalu oedd y pechod mwya mewn cynhaea gwair.

Doedd neb yn cael ei dalu am helpu wrth gwrs. Mater o gymryd a rhoi oedd hi, pawb yn helpu ei gilydd, a lle bynnag y bydde angen, yno y bydden ni'n mynd. Dyna'r unig gyfle gelen ni i fynd ar y ffordd gyda'r tractor. Doedd dim hawl gwneud hynny, wrth gwrs, ond mynd y bydden ni gyda'r tractor a'r trelar i helpu ffarm arall. Dod i ben wnaeth yr arfer hwnnw yn y diwedd, yn enwedig pan ddaeth y bêls mawr i gymryd lle'r bêls bach, a dim ond ar flwyddyn wael iawn y bydd yna fynd yn ôl i'r hen ffordd o gywain gwair, hyd yn oed ymhellach yn ôl na'r bêls bach. Mydylu fydde hi bryd hynny a gwaith diflas dros ben oedd e – mydylu ac wedyn chwalu'r mydylau a chario'r gwair yn rhydd yn hytrach nag wedi'i fêlio. Fe ddaeth y bêls mawr yn waredigaeth i ffermwyr yn gyffredinol ac yn waredigaeth i Mam, fydde'n poeni cymaint adeg y cynhaea. Dwi'n cofio un haf gwael a'r gwair yn Cae Rhos yn pydru yn y diwedd fel nad oedd e werth dim.

Pan ddaeth y bêls mawr gynta doedd dim lapiwr i'w gael. Felly, roedd yn rhaid rhoi bagiau mawr am y bêls, ac roedd angen dou i wneud y gwaith hwnnw. Fe fydden nhw'n cael eu stacio yn y tŷ gwair, y lle gore am lygod bach, ac fe fydde'r rheini ac adar yn torri drwy'r plastig ac yn creu annibendod mawr. I geisio atal hynny, bydden ni'n rhoi dou fag am bob bêl a bydde hynny'n cymryd orie. Erbyn hyn mae'r lapiwr yn gwneud y gwaith ac mae pethe'n llawer haws, ac mae'r bêls yn cael eu stacio tu fas. Rhan o sbort y bêls mawr oedd y sbeic ar flaen y tractor – sbeicio'r belen wair a'i chario at yr anifeiliaid.

Cyn dyddie'r bêls mawr fe brynodd rhai ffermydd eu belar bach eu hunain, ond naethon ni ddim, doedd y ffarm ddim digon mawr. Rhyw bump cae o wair fydde 'da ni, ac un cae fydde'n cael ei dorri ar y tro. Fe fydde'n ddigwyddiad mawr iawn pe bai Dad yn torri mwy nag un ar y tro er y byddwn i, fel ro'n i'n tyfu'n hŷn, yn ceisio'i berswadio i wneud hynny. Ond dwi'n gweld synnwyr ei benderfyniade erbyn hyn; roedd un cae yn ddigon i'w drin, yn enwedig os oedd y tywydd yn wael.

Un peth oedd yn Nhynrhelig ond ddim mewn llawer o ffermydd eraill bryd hynny oedd beindar. Dad fydde arno fe bob amser a Mam yn dreifo'r tractor nes i fi ddod yn ddigon hen i gymryd drosodd. Fe fydde'n cymryd dros awr o amser i'w gael yn barod i dorri, diwrnod cyfan yn wir ar ddechre tymor newydd, ond roedd e'n beiriant arbedodd lawer o waith i ni 'da'r llafur ac roedd gan Dad feddwl y byd ohono – a fe'n unig oedd yn cael ei drin. Fe ddois i ddreifo'r tractor pan o'n i'n ddigon hen ac roedd yn rhaid mynd ar gyflymder arbennig os oedd y beindar i weithio'n iawn; doedd y caeau ddim y rhai hawsa gan fod llawer ohonyn nhw ar lechwedd.

105

Fe fu'r beindar yn segur yn Nhynrhelig am flynydde wedyn ac yna fe'i rhoddwyd yn sgrap, a dwi'n dyfaru byth ers hynny na fyddwn i wedi cynnig hanner canpunt i fy mrawd-yng-nghyfraith amdano a'i wneud i fyny a'i gadw. Fe weles un mewn arddangosfa'n ddiweddar, dim hanner cystal â'r un oedd 'da ni, ac roedd gan y perchennog feddwl y byd ohono.

Roeddwn i'n cael y job o staco'r llafur ar ôl ei dorri, ond doedd y job honno ddim yn plesio'n fawr – staco fesul chwe ysgub a'r jobyn yn boenus os oedd asgell yn yr ŷd. Doedd dim llafur 'da ni bob blwyddyn, ond fel ro'n i'n tyfu'n hŷn ro'n i'n cael gwneud yr amrywiol dasgau pan oedd angen – llyfnu a tseinio a rowlio, ond nid aredig. Nhad fydde'n aredig gan nad o'n i'n ddigon da. Rhy wyllt, siŵr o fod, i sicrhau llinell syth, ac os nad yw'r gynta'n syth, wel, mae'r cyfan wedyn yn gam! Does dim rhyfedd fod meibion ffermydd yn amal yn yrwyr da ac yn pasio'u prawf gyrru'n hawdd; mae cymaint o ymarfer wedi bod ar y tractor a gwahanol beirianne ar y ffarm, a hynny am flynydde cyn cyrraedd oedran cael trwydded i yrru ar y ffordd.

Jobyn arall nad o'n i'n cael ei gwneud oedd hau hade mân gyda'r ffidlwr, y teclyn fydde'n taflu a gwasgaru'r hade. Roedd cân yn mynd 'da'r jobyn honno, er mwyn cadw amser a sicrhau camau o'r un maint fel bod yr hau yn wastad. Yn anffodus, dwi ddim yn gwybod y geirie gan nad fi oedd wrthi, ond falle y caf gopi gan rywun ar ôl iddyn nhw ddarllen y llyfr 'ma!

Doedd dim ffidlwr gan bob ffarm, cael ei fenthyg y bydde fe ac roedd cryn dipyn o hynny'n digwydd yn y cyfnod hwnnw, ond dim prynu ar y cyd. Un teclyn arall oedd yn mynd o ffarm i ffarm oedd y tynnwr tato, teclyn hwylus dros ben i arbed llawer o waith. Mae'n rhyfedd sut mae dyn yn cofio pethe. Dwi'n tyfu tato heddi ac yn cofio beth i'w wneud a beth i beidio, a'r wybodaeth honno wedi'i throsglwyddo i fi gan fy nhad flynydde lawer yn ôl bellach.

Fe fu Dad a Mam fyw i oedran teg, Mam yn wyth deg saith a Dad yn naw deg dou. Ond fe ddioddefodd Mam o glefyd blin *Alzheimer's* ac fe welwyd yr arwyddion cynta o'i dirywiad pan oedd hi yn ei chwedegau, pan oedd Carys, fy merch o fy mhriodas gyntaf, yn bump neu chwech oed. Tua diwedd yr wythdegau roedd 'da fi fy musnes fy hun, yn trwsio ceir yn y garej adre, ac roedd gan Mam ddiddordeb mawr yn y gwaith ac yn y bobol oedd yn dod yno â'u ceir. Roedd hi'n dipyn o niwsans, a gweud y gwir, yn dipyn o embaras, yn siarad ac yn holi pawb yn dwll ac am wybod popeth amdanyn nhw. Ond roedd hi'n helpu hefyd trwy fynd i Aberystwyth i nôl partiau ar gyfer y ceir. Ambell waith fe fydde'n anghofio ac yn dod adref heb y partiau iawn, arwyddion cynta'i salwch achos roedd hi'n un dda am gofio pan oedd hi ar ei gore. Fe fydde'n cadw dyddiadur ac yn gweud pethe fel: 'Blwyddyn i heddi roedd y peth a'r peth yn digwydd' nes ein synnu bob un ei bod yn cofio mor dda. Ond dwi'n credu erbyn hyn ei bod yn cael pip fach dawel ar ei dyddiadur yn y bore cyn gweud pethe fel hyn wrthon ni!

Yna, un noson fe gafodd ffit epileptig yn ystod y nos. Doedd hi erioed wedi cael un o'r blaen, ond fe waethygodd yn sydyn ar ôl y ffit. Cyn hynny, roedd hi'n dal i ddreifo er bod yr arwyddion yno. Un diwrnod fe aeth gyda Siw, fy ngwraig gyntaf, i Gaerfyrddin, ac wedi cyrraedd Pont Llanio dyma hi'n gofyn: 'I'r dde neu i'r chwith yn fan yma?' A hithe wedi trafaelu'r ffordd honno ugeiniau o weithie. Gwneud jôc o bethe fel hyn y bydde hi bob amser ac roedd hi'n glefer iawn wrth wneud hynny. Ond unwaith y cafodd hi'r ffit epilepsi, fe waethygodd pethe. Bu hi byw am flynydde ar ôl hynny mewn cartre – Cartref Abermâd, a hynny ar ôl i'r gwaith o edrych ar ei hôl fynd yn ormod i Dad. Fe wnaeth e hynny am flynydde achos roedd e fel y boi, yn iach ac yn sionc. Fe ddaeth â'i gwely i lawr stâr a fe fydde'n mynd â hi i bobman, mewn cadair olwyn erbyn y diwedd gan ei bod yn diodde o *osteoporosis*.

Fe ddaliodd e ati am flynydde ar ôl rhoi'r gore i ffarmo ei hun i helpu Huw, fy mrawd-yng-nghyfraith drwy fynd rownd y defed a phethe felly. Dwi'n cofio un diwrnod pan oedd e tua 89 i fi alw yno i'w weld a'i gael e ar ben y to am fod yr erial wedi symud. Doedd ganddo nac ysgol do na dim! Ond roedd e'n gallu troi ei law at unrhyw beth. Fe gafodd strôc yn y diwedd ond bu fyw am flwyddyn wedyn heb allu siarad, a marw yn 92 oed ar 9 Ionawr 2004, diwrnod fy mhen-blwydd i.

Fel y dwedes i, Mam oedd y bòs tra oedd hi yn 'i phethe, y *main spring* fel petai, yn gwneud y cyfrifon a phopeth. Pan oedd isie prynu neu werthu, fe fydde hi a Dad yn trafod gyda'i gilydd, debyg iawn, ond y hi fydde'n penderfynu yn y diwedd: 'Dere, nawr, mae isie mynd i fart Tregaron.' A hi fydde'n trefnu i gael lori Huw Ffos Ddu i gario'r da i'r mart. Fydde'r lori ddim yn dod lan i'r ffald gan fod y ffordd yn rhy gul bryd hynny. Fe fydde'n rhaid danfon yr eidionau i lawr at y lori, ac roedd hynny'n berfformans 'da eidionau nad oedd wedi gweld lori erioed cyn hynny. Roedd diwrnod mart Tregaron yn ddiwrnod mawr. Evans Bros oedd yr arwerthwyr, ac fe fydde 'na hen ddisgwyl am y siec fydde'n dod mewn rhyw bythefnos ar ôl y gwerthu.

Do'n i ddim yn mynd lawer i'r mart – ro'n i yn yr ysgol. Felly, dim ond ar wylie fyddwn i'n galler mynd, a ddim yn amal bryd hynny chwaith. Roedd y mart yn gallu bod yn lle digon ryff a pheryglus bryd hynny, dim fel mae hi nawr â gatie a ffensys yn rheoli'r anifeiliaid. Roedd mart yn Aberystwyth ar ddydd Llun a dwi'n cofio mynd â llo yno unweth a'i roi mewn sach â'i ben yn stico mas ym mŵt y car. Fe gaeodd mart Aberystwyth rywbryd yn y nawdegau, a Thregaron oedd hi wedyn ar ddydd Llun, am yn ail â Llambed ar ddydd Mawrth.

Ambell dro ar ddydd Mercher yn yr haf fe fydden ni'n mynd i'r mart i Gaerfyrddin, ond byth yn gwerthu dim yno gan ei fod yn rhy bell. *Treat, day out* oedd mynd i Gaerfyrddin, fel y trip diwrnod i Abertawe, ac roedd hwnnw'n ddiwrnod mawr. Roedd Abertawe yn dre newydd bryd hynny gan ei bod wedi ei bomio yn ystod y rhyfel. Fe fydden ni'n parco tu cefn i Woolworths ac yn bwyta ein brechdane yn y car cyn mynd o gwmpas y dre, er nad ydw i'n cofio fawr ddim am hynny na'r dre ei hun chwaith. Y brechdane yn y car oedd yn gwneud yr argraff! Na, doedd dim mynd i gaffi, hyd yn oed ar y *day out*.

Alla i glywed Mam yn gweud nawr: 'Be awn ni i brynu bwyd a bwyd i'w ga'l adre?'

Ond fe fydden ni'n cael mynd i gaffi yn Aberystwyth ambell dro, i'r Town Clock i gael *fish* a *chips*, bara *sliced* a Vimto. Roedden ni'n dwlu ar y bara *sliced*, bara plastig fel bydden ni'n ei alw, achos roedd e mor wahanol i'r bara gelen ni adre. Ar ddydd Llun yn yr haf y bydde hynny'n digwydd fynychaf. Wel, roedd arian yn brin, ac roedd mynd i'r banc i nôl arian yn ddigwyddiad pwysig. Roedden ni'n hunangynhaliol mewn cymaint o bethe: yn tyfu tomatos a chiwcymbyrs yn ogysal â thato, yn lladd oen i'w roi yn y *deep freeze* ac yn prynu hanner mochyn o ffarm arall. Pa ryfedd taw siopa prin oedd siopa Mam bob amser – tipyn gwahanol i siopa heddi.

PENNOD 10

Y Sioe Fawr

OS TAW YMWELIAD ag Abertawe oedd un o owtings blynyddol y teulu, y llall oedd y sioe yn Llanelwedd. Dim ond un dwi wedi'i cholli ers pan oeddwn i'n bump oed a honno yn 1999 pan nad oedd y BBC yn darlledu am ryw reswm, a rhyw gymhlethdodau eraill yn peri na fues i yno, wedi ffaelu cael amser bant neu rywbeth. Dwi ddim yn cofio'r rheswm ond dwi'n cofio'r siom! Mae gen i feddwl mawr o'r sioe ac rwy'n barod i'w hamddiffyn yn erbyn pob beirniadaeth.

Mae cyrraedd yno fel cyrraedd adre i fi, y teimlad braf, cartrefol hwnnw o fod yn ôl yn fy nghynefin, a dwi'n cael y teimlad hwnnw'n gyson bob blwyddyn. Yr un fydde'r patrwm wrth fynd gyda Dad a Mam: parco'r car yn y maes parco a bwyta'n brechdane cyn mynd i'r cae. Ac rydw i ac Anna'n tueddu i ddilyn yr un patrwm yn hynny o beth o hyd.

Ond carafán ydi hi erbyn hyn a hynny am wythnos gyfan, yn y maes carafanne preifat – y White House – gyferbyn â chae'r sioe, a rhaid cerdded dros y bont sy'n croesi afon Gwy i gyrraedd y maes. Mae'n faes carafanne gyda rheolau pendant, tyn, a'r perchennog, Ann Morgan, yn sicrhau eu bod yn cael eu cadw. Mae'n lle gwell i blant na maes y sioe. Does dim trydan yno ond mae 'da fi *generator* bychan y mae'n rhaid ei ddiffodd am ddeg o'r gloch bob nos, – un o reolau'r gwersyll, neu bydde sŵn fel haid o wenyn dros y lle i gyd gan fod amryw o'r carafanne eraill yn eu defnyddio rhai hefyd. Ond dwi wedi creu fy system fy hun yn defnyddio batris a pheiriant i droi pŵer y batris yn drydan, sy'n ddigon i gadw'r teledu'n gweithio am dros wyth awr a'r golau am fwy na hynny.

Mae Anna a Tomos yn dod gyda fi, ac er bod mynd i'r sioe yn brofiad dierth i Anna ar y dechre, mae hi wedi hen gynefino erbyn hyn ac yn mynd gyda Tomos i'r cae bob dydd gan mod i'n gweithio ar y rhan fwya o'r diwrnode. I rai, y stondine yn y gwaelod, y rhan agosa at y briffordd, yw'r sioe, ac mae digonedd o'r rheini i'w cael – yn gwerthu pob math o bethe. Ond mae rhan arall iddi, y rhan ucha lle mae siedie'r anifeiliaid, ac yno y mae gwir gymdeithas y sioe. Mae'r awyrgylch yn y mannau hyn ar fin nosau yn arbennig, a phawb yn gyfeillgar, pawb yn helpu'r naill a'r llall er y byddan nhw, y diwrnod wedyn, yn cystadlu yn erbyn ei gilydd. Y slot orau gen i ar y radio bob amser yw rhywle rhwng hanner awr wedi chwech ac wyth y nos. Mae'r rhan fwya o'r cyhoedd wedi mynd adre a dim ond pobol y sioe sy'n dal yno, y rhai sy'n edrych ar ôl yr anifeiliaid, ac mae'r gymdeithas yn un felys dros ben.

Maen nhw'n paratoi ar gyfer drannoeth, yn bwydo a thacluso, ac mae'n gyfle gwych i gael sgwrs gyda hwn a'r llall a rhannu yn y cymdeithasu. Ac mae'r cymdeithasu rhyfedda'n digwydd. Mae llawer yn cysgu yno, yng ngwesty Ifor Williams fel maen nhw'n galw'r trelars, ac yn codi'n fore, rhwng pedwar a phump, ar gyfer y cystadlu y diwrnod hwnnw, gan fod oriau o waith paratoi'r anifeiliaid cyn y cystadlu sy'n dechre am wyth. Maen nhw'n gweithio'n galed, er bod llawer yn meddwl bod y ffarmwrs yn mynd i'r sioe dim ond i joio a cherdded o gwmpas, ond dyw hynny ddim yn wir. Rhaid cario popeth yno, pob blewyn o wair, a rhaid carthu a glanhau, a godro pob buwch ddwywaith y dydd.

Dwi'n gefnogwr mawr o'r sioe ac yn meddwl y byd ohoni. Mae hi'n un o'r sioeau mwya yn Ewrop ac mae hi wedi bod ar yr un safle bellach ers hanner can mlynedd. Wn i ddim a fydde hynny'n gweithio gyda'r Steddfod – mae llawer o ddadle wedi bod ynglŷn â chynnal honno mewn un lle – ond mae wedi gweithio'n ardderchog i'r sioe, a'r syniad o gael gwahanol siroedd yn ei noddi yn llwyddiant mawr. Cyfrinach y llwyddiant hwnnw yw bod pob sir yn ei thro yn codi arian, a'r arian hwnnw'n cael ei ddefnyddio i adeiladu lle newydd neu i adfer hen adeilad. Maen nhw'n cael rhywbeth am eu harian. Fel hyn y tyfodd y Sioe dros y blynydde, ac fel hyn hefyd mae gan bobol y gwahanol siroedd berchnogaeth arni, a phawb yn ei dro yn gallu teimlo taw ei sioe nhw yw hi. Pan oedd Sir Benfro'n codi arian, fe'i gwariwyd ar addasu'r ddou dŵr sylwebu, a phan fyddwn i'n mynd o gwmpas ac yn cwrdd â rhai o bobol y sir, fe fyddan nhw'n sôn am 'ein tŵr ni'. Ceredigion gododd y sied ddefed, ac mae Sir Fôn, oedd yn codi arian eleni (2013), wedi penderfynu cael porth newydd, Porth y Gogledd.

Falle taw dyma ran o ddilema'r Steddfod Genedlaethol, a'r ddadl dros ac yn erbyn cael safle parhaol iddi. Pan godir arian at y Steddfod, mae e'n diflannu mewn cae. Does dim byd parhaol i'w weld ar ôl yr holl ymdrech; oes, mae gwaddol o fath arall, yn bartïon a chorau falle, ond dim byd y gallwch chi ei weld a gweud, 'Ein harian ni gododd hwnna.'

Mae teimlad da yn y sioe. Anamal iawn y cewch chi neb yn cwyno, mae hi'n wylie o fath er bod gweithio caled yno. Wythnos y sioe yw'r unig wythnos wylie i lawer o ffermwyr ac maen nhw'n benderfynol o fwynhau eu hunain ar ben yr holl waith paratoi ar gyfer cystadlu. A does dim cenfigen yno, dim ond pawb yn llawenhau yn llwyddiant ei gilydd. Mae pobol o bant yn hoffi dod i'r sioe ac yn gweud ei bod yn sioe mor gyfeillgar.

Problem fawr Llanelwedd erbyn hyn yw fod y lle'n mynd yn rhy fach. All y sioe ddim tyfu'n fwy nag y mae hi nawr, achos does dim lle – a falle fod hynny'n beth da. Fe ddaeth Sioe Stoneleigh i ben am iddi fynd yn rhy fawr. Mae rhai wedi bod yn gweud y dyle'r sioe ymestyn i bum diwrnod – mae hi'n bedwar nawr – ond go brin y digwydd hynny. Mae'r rhai sy'n dod ag anifeiliaid yno'n gorfod dod ar y Sadwrn fel mae hi. Pe bai'r sioe yn bum diwrnod, fe fydden nhw yno o ddydd Sadwrn i ddydd Sadwrn, ac mae hynny'n ormod o amser i gadw anifeiliaid mas o'u cynefin.

Mae rhai'n teimlo bod gormod o bobol yno i faint y lle, ac

ar adege falle, dwi'n cytuno. Ond os y'ch chi'n gyfarwydd â'r maes, fe allwch chi osgoi'r dyrfa fawr a mynd o un lle i'r llall heb orfod gwasgu drwy'r mannau cyfyng. Dwi wedi gorfod symud yn weddol glou o un man i'r llall yn ystod rhaglenni, ac mae 'na ffordd o fynd!

Mae rhai pobol yn gweld snobyddiaeth yn y lle, falle, gan fod y beirniaid lawer ohonyn nhw, yn eu hetiau bowler a'r merched yn eu *fascinators*, ond does 'na ddim. Yno, mae'r gymdeithas amaethyddol yn cael cyfle i ymfalchïo ac ymffrostio yn y diwylliant amaethyddol, yng nghefen gwlad, ac mae'r sioe'n ffenest siop i'r diwylliant hwnnw ar ei orau. Traddodiad yw busnes yr hetiau bowler, ac mae llawer o draddodiade ynglŷn â'r sioe. Does dim diwydiant yn bod sy'n cydio mwy yn ei draddodiade na'r diwydiant amaeth, a dyna ran o'i gryfder. Yn y prif gylch yn unig y mae'r hetiau bowler, ac nid pawb sy'n cael mynd i'r fan honno!

Rhaid cael caniatâd arbennig i fynd i mewn i'r prif gylch pan mae rhywbeth ymlaen yno, ond ges i fynd unweth mewn coets. Roedd Nicola Davies, Maes Mynach yn llysgenhades ac yn mynd o gwmpas yn y goets – coets John Parker, ac fe ofynnes iddi gawn i wneud cyfweliad â hi gan ychwanegu taw'r hyn yr hoffwn i ei wneud fydde ei chyfweld wrth iddi fynd o gwmpas y cylch yn y goets. Doedd hi ddim yn siŵr gelen ni wneud hynny, ond fe addawodd holi, ac ar ôl tipyn o ffys fe gefais ganiatâd.

Mae rhai'n beirniadu'r ffaith fod pethe'n digwydd yn y prif gylch sy'n ddim i'w wneud ag amaethyddiaeth, fel yr arddangosfeydd milwrol, arddangosfa gan rai ar feiciau modur, paragleidwyr a phethe felly, ac yn dadle taw dim ond pethe'n ymwneud ag amaethyddiaeth ddyle fod yno. Ond busnes yw'r sioe, rhaid denu'r tyrfaoedd yno i wneud iddi dalu ac i wneud hynny rhaid darparu rhywbeth i bawb. Wedi gweud hynny, mae'r rhan fwya o'r hyn sy'n digwydd yn y prif gylch yn ymwneud ag anifeiliaid ac arddangos ffarmo ar ei orau.

Unweth y mae pobol wedi'u denu i mewn i'r sioe, mae'r

cyfan ar gael iddyn nhw wedyn a'r gobeth yw y bydd hyd
yn oed y rhai sy'n cael eu denu i weld beiciau modur yn
magu diddordeb hefyd mewn anifeiliaid ac agwedde eraill
ar amaethyddiaeth. Cystadlu gyda'r Ffermwyr Ifanc oedd fy
niddordeb i am gyfnod, ac yna cymdeithasu weddill yr amser.
Erbyn hyn dwi'n gweithio yn y sioe ac yn ei gweld o bersbectif
gwahanol. Mae rhai'n dod i stiwardio yno bob blwyddyn ac
maen nhw'n ei gweld trwy lyged gwahanol hefyd. Mae yn
y sioe rywbeth i bawb, ta beth eich diddordeb, ta beth eich
oed.

Y llynedd fe enillodd dyn busnes o Lundain un o
gystadlaethau'r cobiau, ac fe wnes i gyfweliad ag e yn Saesneg.
Doedd e ddim wedi bod yn y sioe o'r blaen a doedd e ddim
wedi gweld dim byd tebyg iddi. Fe fydde'n mynd o gwmpas y
sioeau mawr i gyd, ond roedd hon, medde fe, yn wahanol, am
fod awyrgylch mor dda ynddi a chymaint o amrywiaeth. Mae
llawer sioe i'w chael, medde fe, heb ddim ond ceffylau ynddi, a
dim ond pobol ceffylau yn ei mynychu, ond yma, cafodd ddod
â cheffylau a'u dangos i bobol oedd ddim yn bobol ceffylau. A
dyna un o ragoriaethau Llanelwedd.

Rydw i wedi crybwyll y ffaith fod lle'n gyfyng yn y sioe ac
nad oes modd ehangu, ond falle fod hynny'n rhan o gyfrinach
ei llwyddiant. Os am le ynddi, rhaid ichi fwcio ddigon ymlaen
llaw. Chewch chi ddim lle ar y maes carafanne os na fyddwch
chi wedi bwcio o leia flwyddyn ynghynt, ac os methwch chi
leni, fe fyddwch am wneud yn siŵr eich bod yn cael lle ynddi'r
flwyddyn wedyn!

Bu cwyno yn y gorffennol oherwydd y probleme parco, a
rhyw dair blynedd yn ôl pan oedd y tywydd yn erchyll, wel,
fe gafwyd y shambyls rhyfedda. Doedd y bysys ddim yn gallu
troi rownd oherwydd cyflwr y caeau, a dwi'n cofio'r flwyddyn
honno gorfod cario'r offer recordo am tua thair milltir trwy'r
tywydd mawr i gyrraedd y cae. Erbyn hyn, mae pethe wedi
gwella a'r meysydd parco lawer pellach o gae'r sioe a'r cynllun
bysio yn ei le. Mae hyn wedi gweithio'n ardderchog ac wedi
lleihau'r ciwiau sy'n dod i'r sioe wrth bellhau'r parco oddi

wrth y sioe ei hun. Does dim problemau mawr yn Llanfair-ym-Muallt ei hun nac wrth gae'r sioe erbyn hyn. Mae e'n rhan o'n greddf ni ein bod isie parco cyn agosed ag y gallwn ni at rywbeth, boed siop, boed sioe, ond rhaid inni ddysgu nad ydi hyn yn bosib yn Llanelwedd.

Fe fydda i'n cyrraedd ar y dydd Sadwrn, yn parco nghar ger y garafán ac yna'n cerdded i'r maes bob dydd. Dyw gweithio yn y sioe ddim fel diwrnod gwaith arferol gydag oriau pendant, rheolaidd. Rhaid cyrraedd y maes yn gynnar, tua wyth o'r gloch – cyn i'r torfeydd gyrraedd, er bod cannoedd, os nad miloedd, o bobol ar y maes yr adeg honno hefyd. Mae pobol y stondine i gyd yno, yn aros yn eu carafanne tu ôl i'r stondin gan amla gan na feiddian nhw fynd oddi yno. Rhaid iddyn nhw warchod eu heiddo, er bod system diogelwch yn gweithredu ar y maes. Dwi'n cofio pan fydde Fflach a Sain yn dod â stondin i'r sioe, fe fyddwn i'n mynd i lawr ar ôl tua naw y nos i gael diod a chymdeithasu gyda'r staff yno, staff oedd yn aros yn y garafán tu ôl i'w stondin.

Ac wrth gwrs, mae pawb sydd ag anifeiliaid i'w harddangos yno ers oriau. Rhwng tua naw ac un ar ddeg y daw'r rhan fwya o'r bobol i mewn – gan ddibynnu i raddau ar y tywydd. Gan ein bod yn darlledu fin nos erbyn hyn, yr hyn fyddwn ni'n ei wneud ydi recordo rhyw dair neu bedair sgwrs yn ystod y dydd. Falle bydd rhywbeth arbennig yn digwydd yn y bore, lansio llyfr ar stondin y Lolfa er enghraifft, neu ryw ddigwyddiad o bwys yn un o'r siedie. Mae cynhadledd i'r wasg bob dydd, ac os ewch chi yno fe gewch wybodaeth am bethe sy'n digwydd – nid mod i'n mynd yno'n amal. Mater o gerdded o gwmpas ydi e, a gweud y gwir, a manteisio ar sefyllfaoedd sy'n codi. Wedyn, erbyn y daw'r awr i ddarlledu, mae gyda ni stôr o ddeunydd wedi'i recordo i'w chware ar y rhaglen pan fyddwn ni'n symud rhwng dou le falle.

Mae rhai pethe'n dilyn yr un patrwm bob dydd a bob blwyddyn – y gwobrwyo a chyflwyno'r cwpanau er enghraifft, a chystadlaethau'r Ffermwyr Ifanc. Mae'r rheini yn y bore a'r gwobrwyo yn y pnawn, ac fe fyddwn ni'n rhoi sylw iddyn nhw bob amser. Siân a fi fydde'n gwneud y gwaith am flynydde, ond erbyn hyn mae tîm yn dod o Fangor, gyda Nia Lloyd Jones yn cynhyrchu a dou arall yn dod 'da hi. Er hynny, dwi'n cael fy ffordd fy hun gan amla achos mod i'n nabod y lle, yn gwybod lle mae popeth a phryd mae popeth yn digwydd. Os oes cystadleuaeth yn digwydd yn y bore, rhaid bod yno. Ond, fel arfer, dwi'n mynd o gwmpas 'da'r peiriant recordo ac yn casglu llawer o ddeunydd, manion yn amal. Cyfarfod rhywun, falle, a chael sgwrs fer. Wedyn, yn y pnawn mynd trwy'r hyn sy gyda ni a phenderfynu beth i'w gynnwys gan fod y rhan fwya o'r rhaglen yn fyw. Dechre, falle, yn sied y gwartheg ac wrth symud oddi yno i leoliad arall, defnyddio un o'r darnau sy wedi eu recordo ynghynt neu gynnwys cân.

Yr hyn dwi'n ceisio'i wneud bob amser yw cyfleu bwrlwm y sioe i'r gwrandawyr adre, a does dim modd gwneud hynny wrth orbaratoi a gordrefnu ymlaen llaw. Rhaid cael hyblygrwydd yn y recordo a manteisio ar sefyllfaoedd all godi'n annisgwyl weithiau. Ond er mwyn gwneud hyn yn iawn, rhaid bod yn y sioe drwy'r dydd. Ond i ble arall ewch chi, ta beth? Dim ond i'r garafán, a rhaid gweud ei bod yn braf cael ymlacio mewn tawelwch yn honno ar ddiwedd diwrnod hir. Dyna un o fanteision maes carafanne preifat draw o sŵn a bwrlwm y sioe.

Mae yna leoedd lle na chewch chi fynd i recordo iddyn nhw – dyw'r peiriant ddim yn basbort i bobman! Mae cinio'r llywydd yn un ohonyn nhw. Fe fues i yn y cinio hwnnw pan oedd Dai Jones, Llanilar, yn llywydd y sioe, Siân a fi, ac roedd yn rhaid newid a gwisgo'n barchus y diwrnod hwnnw. Fe dries i'n lwc gyda'r recordo bryd hynny, ond lwyddes i ddim. 'Na' oedd yr ateb! Mae nabod pobol yn fantais fawr hefyd. Roedden ni'n rhannu bwrdd y diwrnod hwnnw â Gareth a Falmai Roberts, perchnogion Llaeth y Llan, dou gyfeillgar dros ben, a dwi'n cofio gwneud rhaglen 'da nhw pan oedd y busnes iogwrt yn dechre. Erbyn hyn ryden ninne'n ei werthu yn y siop yn Aberystwyth.

Pan oedd Treb – Trebor Edwards – yn llywydd, fe gwrddes

i ag e ar y maes ar y nos Lun a dyma ofyn iddo fe pryd allen i gael sgwrs 'da fe. Fe ddwedodd wrtha i am ddod draw i'r *lodge* erbyn hanner dydd drannoeth lle bydde fe'n cael cinio, ac yno yr es i. Roedd yn rhaid mynd trwy'r 'amddiffynfa' fel petai, a siarad â dyn oedd yn gwisgo bowler hat, ond fe welodd Treb fi a ngalw fi draw ato ac fe ges gyfle i recordo sgwrs fer gyda fe. Lwcus mod i'n ei nabod, achos i gynnal sgwrs wedi'i threfnu gyda fe a dilyn canllawiau'r BBC fe fydde'n rhaid mynd trwy bob math o sianelau a dilyn protocol, a does wybod ymhle na pha bryd y bydde hi'n gyfleus. Mae llywydd y sioe yn andros o fishi, ac yn cael ei arwain, ei ruthro'n amal, o un lle i'r llall drwy'r dydd a phob dydd.

Mae'n bwysig pwysleisio nad ar ôl newyddion y bydda i'n mynd; dwi'n gadael hynny i'r newyddiadurwyr. Rhoi sylw i ochor orau'r sioe fydda i, disgrifio'r hyn sy'n digwydd a rhoi lle teilwng, gobeithio, i bob agwedd ohoni hyd y mae modd. Mae pobol y sioe yn fy nabod i erbyn hyn ac yn gwybod nad ar ôl unrhyw sgandal yr ydw i. Mae David Walters, y prif weithredwr, wedi bod yn barod bob amser i roi cyfweliad i fi. Roedd pethe'n wahanol pan ddechreues i, doedd neb yn fy nabod, ond erbyn hyn mae pethe'n llawer rhwyddach.

Mae meddwl am ginio'r llywydd gyda Dai Jones yn dwyn i gof ddwy stori amdano fe a'r teulu brenhinol. Mae'r sioe yn sioe frenhinol ac mae rhywun o'r teulu yno'n amal, os nad yn flynyddol, a beth bynnag yw'r dadleuon o blaid ac yn erbyn, maen nhw'n atynfa ac yn dod â phobol i mewn, a hynny'n ei dro yn cynhyrchu arian.

Beth bynnag am hynny, dyma'r stori gynta ac mae hi'n berffaith wir achos dwi wedi siarad gyda'r dyn camera ar y pryd ac â Non Vaughan Evans, oedd yn cynhyrchu ar gyfer y teledu. Y flwyddyn arbennig yma, y Tywysog Charles oedd yr aelod o'r teulu brenhinol yn y sioe, ac wrth gwrs pan mae e'n cael ei dywys o gwmpas mae popeth yn dod i stop am gyfnod, a'r rhai sydd i'w cyflwyno i'r Tywysog yn aros yn amyneddgar am y foment fawr. Yng nghornel y defed roedd Dai Jones ar yr achlysur hwn ac roedd e'n un o'r rhai oedd i gael eu cyflwyno i'r Tywysog. Fe ddaeth yr osgordd ac aeth Charles at Dai, a chyn i neb gael cyfle i'w gyflwyno i'r Tywysog, fe estynnodd ei law a gweud: 'How are you, Dai?'

Gan Charles Arch y cefais i'r stori arall ac fe ddigwyddodd hynny flynydde cyn iddo gwrdd â'r Tywysog Charles. Gofynnwyd i Dai sylwebu yn y prif gylch ar y rasys cŵn defed, nes y deuai Charles Arch, y prif sylwebydd, yno. Roedd hwnnw wedi gorfod mynd i fan arall a'i amserlen yn un dynn, ac roedd e'n hwyr yn dod i'r prif gylch. Y Dywysoges Anne a'i gŵr, Mark Phillips, oedd yr ymwelwyr brenhinol y flwyddyn honno ac fe gyrhaeddon nhw'r prif gylch cyn i'r prif sylwebydd dychwelyd. Roedd yr awdurdodau mewn tipyn o banic achos alle'r osgordd ddim oedi gan fod 'da nhw eu rhaglen a'u hamserlen bendant. Felly, dyma anfon neges at Dai y bydde'n rhaid iddo fe eu cyflwyno, a dyna'r cyfan oedd raid iddo'i wneud, eu croesawu a'u cyflwyno i gynulleidfa'r prif gylch.

Felly, dyma Dai yn mynd ati yn Saesneg fel hyn: '*It gives me great pleasure to welcome...*' medde fe, a dyma fe'n oedi, roedd e'n ffaelu cofio enw'r Dywysoges Anne, na'r ffaith y dylai ei galw yn 'Royal Highness'. Felly, ymlaen â fe gan ddweud: '*Welcome to Captain Mark Phillips and... Mrs Phillips!*'

Roedd Charles Arch yn gwrando ar hyn ar y radio wrth iddo brysuro drwy'r dyrfa at y prif gylch, a bu bron iddo gael ffit pan glywodd e Dai wrthi, medde fe. Ond dyna Dai, poeni dim, hidio dim, pawb yn chwerthin ac ynte'n mynd yn ei flaen fel tase dim wedi digwydd.

Mae gwleidyddion yn dod i'r sioe hefyd, rhai San Steffan a rhai'r Cynulliad, ond cadw mas o'u ffordd nhw y bydda i hyd y galla i a gadael i newyddiadurwyr siarad 'da nhw a'u holi. Rhaglenni fel *Taro'r Post* a *Post Prynhawn* sy ar eu cyfer nhw, nid *Rhaglen Geraint Lloyd*! Dwi wedi cyfweld Elin Jones, Aelod Cynulliad Ceredigion, ond fel Elin, nid fel gwleidydd, gan mod i'n ei nabod hi ac yn ei chofio slawer dydd yn aelod o'r grŵp canu Cwlwm ac yn ymwneud â Radio Ceredigion.

Dwi wedi cael sgwrs â Carwyn Jones unweth hefyd, ond

sgwrs am ddod i'r sioe medde fi wrtho fe, nid am wleidyddiaeth – er dwi'n credu os cofia i'n iawn, ei fod e'n Weinidog Amaeth bryd hynny. Be sy'n od ydi iddo gael trafferth siarad yn naturiol â fi. Roedd e wedi arfer cael ei holi'n galed a gorfod gwylio rhag rhoi ei droed ynddi wrth ateb, a phan ddaeth hi'n fater o sgwrs naturiol am ddod i'r sioe a phethe felly, doedd e ddim yn gallu 'i wneud e'n hawdd, roedd e'n teimlo'n anghyfforddus. Ym mhabell un o'r undebau amaeth yn cael paned yr oedd e ar y pryd ac fe fentrais ato. Ond gwell 'da fi siarad â phobol gyffredin; mae 'da fi fwy i'w weud wrth y rheini, ac mae 'da'r rheini fwy i'w weud wrtha i.

Fe fydda i'n rhoi llawer o sylw i gystadlaethau'r Ffermwyr Ifanc bob blwyddyn, ac mae'n ddiddorol cwrdd â llawer o'r aelodau yn nes ymlaen yn eu bywydau pan fyddan nhw mewn swyddi, rhai cyfrifol iawn yn amal, gyda gwahanol fancie a chymdeithase ac asiantaethe a chwmnïe gwerthu peirianne.

Mae aelodau'r clybie'n llawer ifancach erbyn hyn nag oedden nhw pan o'n i'n aelod. Bryd hynny, doeddech chi ddim yn mynd i'r clwb nes eich bod chi'n un ar bymtheg oed. Heddi, maen nhw'n aelode'n ddeg oed, ac mae'r duedd hon wedi digwydd dros y wlad i gyd. Y rheswm yw fod cymdeithas wedi newid. Pan o'n i'n aelod, ychydig o ieuenctid oedd yn mynd i'r coleg, ac felly roedden nhw'n dal i fyw yn yr ardal. Roedden ni'n griw da yng Nghlwb Lledrod, ac fe enillon ni'r rali fwy nag unweth gyda hyd yn oed fi yn barnu stoc! A hynny, yr adeg honno, yn Saesneg! Heddi, mae pawb, bron, yn mynd i brifysgol neu goleg ar ôl cyrraedd y deunaw ac mae'r clybie wedi gorfod gostwng yr oed. Y broblem yn awr yw cael pethe i blesio'r plant o ddeg i bymtheg yn ogystal â rhywbeth i ddiddanu'r rhai hŷn, achos fe ellir cystadlu gyda'r Ffermwyr Ifanc lan i chwech ar hugain oed.

Mae Clwb Lledrod yn dal i fodoli a chan fod yn yr ardal nifer fawr o blant ifanc dwi'n gweld dyfodol llewyrchus i'r clwb pan fydd y plant hyn yn un a dwy ar bymtheg oed, gan y byddan nhw'n dal adre yn yr oedran hwnnw, cyn iddyn nhw fynd i goleg. Mae'r rhod yn troi o hyd ym myd y clybie fel ym mhob agwedd arall o fywyd, ac mae un agwedd wedi gwella'n fawr – mae'r cystadlu a'r barnu stoc erbyn hyn yn digwydd yn Gymraeg hefyd.

Yn wir, mae'r sioe drwyddi draw wedi Cymreigio llawer dros y blynydde. Pan oeddwn i'n mynd iddi gynta gyda Radio Cymru, roedd hi'n Seisnigaidd iawn, yn enwedig yr agwedde swyddogol ohoni. Ond mae'n syndod i lawer gymaint o Gymraeg sydd ynddi. Yn amal, mae pobol sy heb fod yn y sioe yn cael camargraff taw Seisnig yw hi.

Mae hanner ucha'r cae yn enwedig yn llawn o Gymry Cymraeg. Ewch i'r siedie i gymdeithasu fin nos a Chymraeg glywch chi ym mhobman. Ac mae llawer mwy o Gymraeg yn swyddogol erbyn hyn hefyd, a hynny wedi datblygu'n naturiol dros y blynydde. Roedd y prif weithredwr David Walters yn Gymro Cymraeg, ac mae ei olynydd yn dysgu'n gyflym ac eisoes wedi cynnal cyfweliadau yn yr iaith.

Pan fydda i'n mynd at un o'r cwmnïe ar gyfer y rhaglen, fe fydda i'n gofyn a oes rhywun yn siarad Cymraeg yno ac fel arfer mae gan bob cymdeithas rywun sy'n rhugl yn yr iaith ac yn barod i gynnal sgwrs ar y radio. Y Girl Gudies yw'r rhedwyr yn y sioe ers blynydde, y rhai sy'n gwibio o fan i fan gyda negeseuon, a dwi'n cofio mynd i'w pabell a ffaelu cael gafael ar neb oedd yn medru'r iaith i wneud cyfweliad ar y radio.

Fel mae'n digwydd, y flwyddyn honno, pwy oedd yn digwydd bod tu fas i'r babell ar y pryd ond Bethan Dudley, y gantores, a dyma ddechre siarad â hi gan mod i'n ei nabod ac fe ddigwyddodd grybwyll y bydde hi'n arfer bod yn Girl Guide yn Llanidloes, a dyma ofyn iddi ddod i mewn i'r babell i wneud cyfweliad 'da fi, ac fe wnaeth.

Bob blwyddyn ar ôl hynny mae'r fenyw sy yng ngofal y babell yn gweud: 'O, y'ch chi o Radio Cymru, wel mae gyda ni Gymraes Gymraeg i siarad â chi eleni,' ac maen nhw'n gwneud yn siŵr erbyn hyn fod hynny'n digwydd. Mae'n digwydd gyda ffyrmie a chwmnïe eraill hefyd gan eu bod yn dod i weld pwysigrwydd y Gymraeg, ac mae eu cael nhw i weld hynny drostyn nhw eu hunain yn llawer gwell, dwi'n meddwl, na mynnu bod yn rhaid iddyn nhw ddod o hyd i rywun sy'n medru'r iaith.

Ymwelwyr cyson eraill sy'n dod i arddangos yn y sioe yw'r Fyddin, gyda'u gynnau mawr a'u regalia, a phryd bynnag mae'r Fyddin yn dod, maen nhw'n cymryd drosodd ran fawr o gae'r sioe, a nhw wedyn sy biau'r rhan honno tra byddan nhw yno. Tir y Fyddin yw'r tir y mae'r Fyddin arno fe bob amser. Allwch chi, felly, ddim mynd at un o'r milwyr a rhoi meic dan ei drwyn a gofyn am gyfweliad, a phan ddaeth y Gwarchodlu Cymreig yno un flwyddyn roedd yn rhaid mynd trwy'r broses i ofyn oedd rhywun yn siarad Cymraeg, ac fe drefnwyd i gael rhywun ar gyfer drannoeth. Roedd 'da nhw rywun oedd yn siarad yr iaith ac fe gytunon nhw i fi siarad â fe ar ôl eu sicrhau taw sgwrs gyffredinol, bersonol ro'n i isie – o ble roedd y milwr yn dod, ers pryd roedd e yn y fyddin, pethe personol fel'na, dim byd gwleidyddol a dim byd obeutu'r fyddin ei hun.

Fe gytunon nhw ond gan nodi amode pendant – presenoldeb uchel-swyddog yn ystod y sgwrs, a dim camera a thynnu llunie. Ac fe ges gyfweliad gyda dou, y ferch oedd yn gofalu am yr hyn oedd yn digwydd yn y sioe ac un o'r rhai oedd yn cymryd rhan. Doedd y Sarjant Major, y boi oedd yn bresennol yn ystod y cyfweliad, ddim yn deall Cymraeg ac fe gefais fy siarsio ganddo i beidio holi am Afghanistan na dim byd fel'na. Fe wnes i ei sicrhau na fyddwn i'n gofyn dim byd o'r fath iddyn nhw. Gallech chi gael cadarnhad o hynny ganddyn nhw ar ôl i mi eu cyfweld, medde fi. *'Don't trust them,'* medde fe, *'they can tell you anything.'* Ond fe rois fy ngair iddo na fydde dim byd na ddyle fod yn cael ei ofyn iddyn nhw.

Wedi mynd trwy'r palafa i gyd, fe gawson ni groeso mawr 'da nhw, a phawb yn dod i siarad. Mae eu disgyblaeth yn anhygoel; roedden nhw'n gwrtais ac maen nhw'n gwybod sut i weithio'n galed a chware'n galed. Fe ofynnes i'r ferch oedd hi'n mwynhau'r bywyd. Oedd, roedd hi wrth ei bodd. Rhyw bump ar hugain oedd hi ac yn y Fyddin ers pan oedd hi'n un ar bymtheg oed ac o ranc reit uchel, ac wedi bod rownd y byd. Pan oedd y Fyddin yn y sioe a hithe'n flwyddyn wlyb, fe ddwedodd fod y gwaith glanhau'r gynnau a'r offer yn cymryd tua phedair i bum awr. Roedd y sowldiwr cyffredin yn mwynhau hefyd ac yn mynnu hynny, er imi awgrymu iddo fe ei fod e'n gweud hynny am fod ei fòs e'n sefyll gerllaw, ond doedd hwnnw ddim yn deall wrth gwrs. Na, roedd e'n mynnu ei fod yn mwynhau ac yn pwysleisio taw tymor byr yw'r tymor dros y môr a taw adre y maen nhw fwya. Mae'r cyfrynge'n creu'r argraff fod y milwyr hyn mas yn Afghanistan a mannau tebyg am gyfnodau hir. Oes, mae rhywun yno drwy'r amser, ond tymor byr yw'r tymor i un gatrawd.

Yr un peth sy'n digwydd yn y sioe bob blwyddyn wrth gwrs, ac yn amal dwi'n siarad â'r un bobol ag y gwnes i siarad a nhw y flwyddyn gynt. Ond dwi hefyd yn trio cael personau gwahanol ac agwedd wahanol i'w chyflwyno, er nad ydi'r gynulleidfa radio'n cofio o flwyddyn i flwyddyn chwaith. Ta beth, os yw pobol yn dod i'r sioe bob blwyddyn er mwyn gweld yr un peth, yna onid ydi pobol adre hefyd isie clywed yr un peth? Ac unweth y flwyddyn mae e'n digwydd. Mae cael yr un rhai ar y rhaglenni flwyddyn ar ôl blwyddyn yn fwy o broblem i'r teledu nag i'r radio, gan ei fod yn haws cofio wyneb na llais.

Mae'n rhwydd mynd at rywun rydych chi'n gwybod y cewch chi gyfweliad effeithiol 'da fe ac mae'r cyfrynge'n euog o hynny, dwi'n siŵr, ac felly'n tueddu i ofyn i'r un rhai flwyddyn ar ôl blwyddyn. Dyna pam mae 'na gwyno taw'r un hen wynebe welwch chi ar y teledu. Ond dwi'n lico meddwl mod i'n trio cael rhywun newydd. Mae'n anodd meithrin ymchwilwyr effeithiol hefyd. Swyddi i bobol ifanc sydd heb y cefndir priodol yw'r rhain yn amal, a chyn eu cael ar eu gore maen nhw wedi symud mlaen. Gan mod i yn y sioe bob blwyddyn ac yn gwybod fy ffordd o gwmpas ac yn nabod cymaint erbyn hyn, mae'n rhwydd i fi. Os dwi isie sgwrs am ddefed, does ond rhaid i fi fynd i'r sied ddefed ac mae digon yno all gynnal sgwrs â fi, heb orfod gofyn am enwe gan unrhyw ymchwilydd.

Ond os anfonwch chi ymchwilydd ifanc i wneud y gwaith, mae'n mynd i ofyn i'r un sy'n gyfrifol pwy i'w gael, ac mae hwnnw neu honno'n mynd i'w gyfeirio at rywun mae'n gwybod sy'n dda am siarad, a fel'ny gewch chi byth leisie newydd. Pan fydda i'n mynd o gwmpas erbyn hyn daw rhywun ata i'n amal, fwy na thebyg i dynnu nghoes i ac fe ddalia i ar y cyfle i gael sgwrs neu gyfweliad bryd hynny. All ymchwilydd dibrofiad ddim gwneud hynny, does neb yn ei nabod a ddaw neb ato.

Mae diffyg cefndir yn broblem, gydag addysg heddi yn canolbwyntio ar dechnoleg a'r we a phrosesau, a fawr ddim ar wybodaeth. Pan o'n i'n mynd i'r Clwb Ffermwyr Ifanc roedd cwis yn cael ei gynnal yn amal, a chwestiynau fel pwy yw'r prif weinidog, pwy yw llywydd y sioe ac yn y blaen yn cael eu gofyn, a ninne'n dysgu wrth gael y cwisiau yma.

Dwi'n cofio rai blynydde'n ôl roedd ymchwilydd ifanc 'da ni ac roedd hi wedi cyfarfod rhywun oedd hi'n ei led nabod ar y maes, rhywun oedd yn arddangos gwartheg. Fe gytunodd gyda'r person arbennig yma ei fod yn cael sgwrs 'da fi ar y rhaglen y nosweth honno.

'Ble byddwch chi?' holodd. 'Ddown ni atoch chi heno.'

'Yn y sied wartheg,' oedd yr ateb a gafodd.

Pan ddywedodd yr ymchwilydd wrtho i am hyn, gofynnes iddi pa frid o wartheg roedd y person yma'n ei arddangos. Doedd ganddi ddim syniad. 'Rhai brown dwi'n meddwl,' oedd yr ateb! Doedd hi ddim yn gwybod enw'r gŵr chwaith a wnaeth hi ddim meddwl gofyn.

'Paid poeni,' medde fi. 'Awn ni i'r sied wartheg i drio dod o hyd iddo fe.' Roedd y rhaglen yn fyw a ninne'n cerdded o le i le ar y maes ac yn chware ambell record wrth gerdded. Dyma fynd i mewn i'r sied wartheg ac fe gafodd yr ymchwilydd sioc ei bywyd. Wn i ddim beth oedd hi wedi disgwyl ei weld – un dyn a rhyw hanner dwsin o wartheg dwi'n meddwl. Doedd ganddi ddim syniad. Ond trwy lwc fe gelon ni hyd i'r gwartheg iawn a'r dyn iawn i gael sgwrs gyda fe.

* * * * * *

Sioe eleni (2013) oedd yr hanner canfed i'w chynnal yn Llanelwedd. Roedd hi'n sioe arbennig a'r tywydd yn help mawr i ddenu'r tyrfaoedd yn ogystal â'r ffaith fod y rhan fwya o'r ffermwyr wedi llwyddo i gwpla'r cynhaea gwair am fod y tywydd wedi bod mor dda.

Ro'n i'n darlledu rhwng saith a naw bob nos eleni, a hynny'n golygu mod i'n colli peth ar y cymdeithasu o'i gymharu â'r blynydde cynt pan o'n i'n gorffen am wyth. Mae popeth ar y cae yn gorffen am ddeg, a chan mod i ar yr awyr tan naw doedd dim pwrpas mynd i unman ac felly fe fyddwn i'n ôl yn y garafán tua hanner awr wedi naw. Ond roedd peth cymdeithasu yno hefyd gan ein bod yn nabod rhai o'r carafanwyr eraill oedd ar y safle

Roedd tîm da 'da fi eleni – Nia Lloyd Jones y cynhyrchydd, Fflur Williams a Sarah Gibbson, ac roedd cydweithio da rhyngon ni. Cyrraedd y cae tua hanner awr wedi naw a mynd o gwmpas gyda fy mheiriant recordo rhag ofan i fi gwrdd â rhywun i gael sgwrs. Yna cyfarfod fel tîm am hanner dydd i weld be oedd 'da ni a beth oedd criw Bangor wedi'i drefnu ymlaen llaw. Yna, mynd gyda'n gilydd i wahanol fanne i recordo, ac fe fydde'r pnawn yn hedfan.

Mae pob cymdeithas yn cwrdd yn y sioe ac roedden ni'n mynd i gyfarfodydd y rheini i recordo: Cymdeithas Defaid Penrith yn cael bwffe a diod nos Lun, Cymdeithas y Border Leicester nos Fawrth, Cymdeithas Defaid Balwen nos Fercher a fel'ny drwy'r wythnos. Roedd darlledu'n gyfle i hyrwyddo'r cymdeithase hyn ac yn gyfle i gwrdd â gwahanol bobol, pawb mewn hwylie da a llawer o dynnu coes a darlledu sgyrsiau'n fyw.

Dwi'n ddigon hapus i gwrdd ag unrhyw un, a dwi erioed wedi cadw draw oddi wrth y bois ifanc, rhai ohonyn nhw weithie wedi cael gormod i'w yfed. Fe fydda i'n gweud wrthyn nhw am beidio rhegi ar y rhaglen, a dy'n nhw byth yn gwneud! Flynydde'n ôl bydde ambell gynhyrchydd yn gweud: 'Peidiwch mynd yn agos atyn nhw, does wybod be ddwedan nhw ar yr awyr a'r rhaglen yn fyw.' Fyddwn inne'n gweud: 'Na, popeth yn iawn, mae 'da fi ffydd ynddyn nhw.' Dim ond i chi eu trin yn iawn, peidio'u hanwybyddu a pheidio trio gwneud ffyliaid ohonyn nhw, does dim problem. Fe ddaeth tri oedd wedi bod yn yfed trwy'r dydd i gwrdd â ni un diwrnod, ac roedden nhw isie siarad ar y rhaglen. Fe recordies i nhw yn hytrach na'u hanwybyddu. Fydden ni ddim wedi cael llonydd 'da nhw pe bawn i heb wneud hynny. Y peth cynta ddwedodd un ohonyn nhw oedd: 'Shw mae, Mam'! Do, fe wnes i ei recordo fe ond wnes i ddim defnyddio'r recordiad hwnnw, a doedden nhw ddim callach!

Dwi'n cofio i fi rai blynydde'n ôl, fynd i recordo'r Ffermwyr Ifanc ac roedd criw ohonyn nhw yn iste ar ben y wal a finne'n nabod un neu ddou ohonyn nhw. Fe benderfynes fynd atyn nhw a gofyn i rai weud 'Helô' ar y rhaglen. Roedd un ohonyn nhw yn bwyta hufen iâ ac fel ro'n i'n dechre'r rhaglen dyma fe'n gwthio'r hufen iâ i nhrwyn i. 'Esgusodwch fi,' meddwn i, 'ond dwi wedi cael hufen iâ gan rywun.' Ro'n i'n poeni am fy nglasys, ond roedden nhw'n iawn, diolch i'r drefen. Pe bai rhywbeth wedi digwydd iddyn nhw, fe fyddwn i mewn trwbwl.

Roedd boi seciwriti'r BBC heb fod ymhell, a phan welodd e beth ddigwyddodd fe ddaeth yn bwysig i gyd a gofyn o'n i am wneud cwyn swyddogol. Fe ddwedes inne taw tipyn o hwyl oedd e ac y bydden inne wedi gwneud rhywbeth digon tebyg ar un adeg. Ond fe ges i dipyn o waith ei berswadio! Drannoeth roedd pobol yn dod ata i a gofyn: 'Wyt ti isie hufen iâ?' Eleni roedd boi'r hufen iâ yn gweithio ar un o'r stondine, wedi tyfu lan ac yn barchus iawn.

Bob blwyddyn, dwi'n cwrdd â llawer o bobol dwi wedi dod i'w nabod dros y blynydde, fel y teulu bach o Solfach – gŵr a gwraig a thri o blant. Fe gwrddes i â nhw gynta yn sioe Sir Benfro wrth whilo am Gymry Cymraeg i siarad â fi yn sied y gwartheg. Fe ddois ar draws y teulu yma, oedd yn bridio gwartheg Jersey. Dwi 'di gweld y plant yn tyfu achos maen nhw yn y sioe bob blwyddyn ac fe fydda i'n siarad â nhw bob tro. A gweud y gwir, dwi'n credu eu bod nhw'n rhyw hanner disgwyl hynny erbyn hyn. Mae croeso mawr i'w gael 'da nhw, a phaned a sgwrs.

Mae dangos diddordeb mewn pobol wedi bod yn help mawr dros y blynydde. Siarad gyda nhw sy'n bwysig – dyna dwi'n ei gredu beth bynnag. Mae rhai'n gwneud gormod o ffys a gormod o waith ymchwil a threfnu ymlaen llaw, a'r cynhyrchu'n cymryd gormod o amser a sylw, a hynny yn amal yn codi ofon ar bobol. Ie, siarad â phobol a pheidio meddwl eich bod chi'n well na nhw. Rhaid ichi fod yn barod i gydnabod eich anwybodaeth hefyd, yn hytrach na chymryd arnoch eich bod yn gwybod popeth. Mae'n bwysig cael tîm da yn y sioe, a thîm fel'ny oedd 'da ni eleni – nid tîm oedd yn gwybod popeth am ffermio a sioeau ond tîm o bobol â'r agwedd iawn.

Rhan bwysig o fy rhaglen i bob nos yw'r pos, ac mae'n rhyfedd sut mae gwahanol bosau'n apelio at wahanol bobol: rhai yn hoffi posau synnwyr cyffredin, eraill rai mathemategol. Mae llawer o bobol yn dod ata i ble bynnag y bydda i, y sioe yn arbennig, i weud eu bod yn hoffi'r posau, yn eu gwneud adre ond ddim yn hoffi ffonio i mewn i roi'r ateb.

Un o'r rhai sy'n rhoi posau mathemategol i fi ydi Dr Gareth Roberts, oedd yn arfer bod yn Athro ym Mhrifysgol Bangor, ac fe wnes i ei gyfarfod wyneb yn wyneb am y tro cynta yn Eisteddfod Dinbych eleni. Dyma un 'da fe – a dwi ddim am roi'r ateb:

> Roedd criw o bobol yn mynd ar daith. Yn y stop cynta gadawodd eu hanner a daeth chwech i ymuno â'r rhai oedd ar ôl. Yn y stop nesa gadawodd un rhan o dair o'r criw a daeth chwech arall i ymuno. Roedd tri deg yn y criw ar ddiwedd y daith. Faint oedd yno ar ei dechrau?

Ro'n i yn Llambed ryw ddiwrnod, mewn caffi yno, ac fe ddaeth pedwar oedd yn gweithio yn y mart i mewn ac iste ar y bwrdd agosa. A'r hyn roedden nhw'n ei wneud yn ystod eu hawr ginio oedd ceisio datrys y pos oedd ar fy rhaglen i y nosweth cynt. Ro'n i wrth fy modd. Ie, pobol sy'n bwysig ar fy rhaglen i, boed hi'n dod o'r stiwdio neu o'r sioe.

PENNOD 11

Sialensau

DWI WEDI CAEL – ac wedi derbyn – sawl sialens yn ystod fy mywyd, ac un ohonyn nhw oedd rhedeg ras yr Wyddfa. Do'n i ddim yn gwybod llawer amdani, ac erioed wedi gweithio arni er, falle, wedi cael rhywun ar y rhaglen i sôn amdani. Fe wyddwn ei bod yn digwydd yn flynyddol a dyna'r cyfan. Ond yn Awst 2001 fe newidiodd pethe. Roedd criw ohonon ni wedi bod yn gweithio i'r BBC yn Eisteddfod Genedlaethol Dinbych ac wedi cael ein gwahodd un noswaeth i gartre Sian Alaw, un o'r cynhyrchwyr, i farbeciw. Roedd hi'n noswaeth braf o haf a phawb yn iste yn yr ardd yn mwynhau ac fe ddechreuodd rhywun siarad am ras yr Wyddfa. Roedd Daf Du yn y criw, wedi'i rhedeg, ac yn sôn faint o ymarfer roedd e wedi'i wneud ar ei chyfer. Ac ro'n i'n tynnu arno fe, taw bachgen tre oedd e, a mod i, pan oeddwn i'n grwt, yn gwneud cymaint o redeg â fe bob bore cyn mynd i'r ysgol i nôl y gwartheg i'w godro. 'A dwi ffansi gwneud ras yr Wyddfa,' meddwn i.

Fe aeth yn dynnu coes ac yn fet wedyn, ac fe ddwedes wrtho fe am roi f'enw i lawr ar gyfer y flwyddyn wedyn. A dyna i gyd fuodd y noswaeth honno.

Ro'n i'n byw yn Bow Street yr adeg honno ac fe ffoniodd Sian Alaw fi a gweud y base'r BBC yn gallu gwneud rhaglen amdana i'n rhedeg yn y ras. A dyma sylweddoli bod y peth o ddifri erbyn hyn ac fel roedd amser yn mynd heibio a dyddiad y ras – diwedd Gorffennaf – yn dod yn nes, fe feddylies y bydde'n well i fi drênio rhyw gymaint. Felly dyma ddechre rhedeg cyn belled â Chlarach, a mynd dipyn ar y beic, gan gynnwys seiclo 'nôl a mlaen i'r gwaith, ond dim ond o Bow Street i Aberystwyth oedd hynny, ac roedd y ffordd o Aber i Glarach bron yn wastad bob cam! Fe redes unweth ar Lwybr yr Arfordir o Glarach i'r Borth, a phenderfynu mod i'n iawn ac yn barod i wneud y ras.

Fe geisiodd Sian Alaw narbwyllo i fod y ras yn un anodd a gofynnodd i fi oeddwn i'n siŵr mod i'n dal am ei mentro hi. Finne'n bendant mod i. Fe ddaeth yn ôl mewn wythnos a gweud fod yn rhaid i fi gael *medical. Medical* i redeg ras yr Wyddfa? Do'n i ddim yn credu'r peth, ond, wrth gwrs – rheole'r BBC oedden nhw. Am fod rhaglen yn cael ei gwneud amdana i'n rhedeg, roedd e'r un fath â phe baen nhw wedi gofyn i fi i wneud hynny.

Wnes i ddim cymryd llawer o sylw o'r peth i ddechre, ond fe roddodd Sian Alaw ei throed i lawr a gweud na fyddwn i'n cael rhedeg y ras oni bai mod i'n mynd i weld y meddyg. Felly dyma ffonio Tregaron a bwcio i'w weld. Ond roedd y feddygfa'n ffaelu dod o hyd i fy ffeil ac i'r nodiade amdana i. Roedden nhw'n dechre amau o'n i wedi cofrestru yno, ond ro'n i'n sicr mod i – dyma lle bydde'r teulu i gyd yn mynd.

Y broblem oedd nad o'n i wedi gweld yr un meddyg am ddeugain mlynedd, ond yn y diwedd daethon nhw o hyd i ffeil lle nad oedd dim ynddi ond nodiade amdana i pan o'n i'n blentyn, record o bigiade a phethe fel'ny. Dr Langley oedd yr un y ces i fy anfon i'w weld.

'*How are you then?*' medde fe. '*I've not met you before.*'

Holodd fi be oeddwn i ei isie ac fe ddwedes mod i'n rhedeg ras yr Wyddfa drannoeth – ar y Sadwrn, dim ond i fyny'r Wyddfa ac i lawr yn ôl. '*Day out,*' medde fi. Ac fe seinodd y papur heb roi unrhyw archwiliad i fi, dim hyd yn oed cymryd fy mhwysau gwaed! Fe ddwedodd mod i'n edrych yn reit ffit a bod 'na siawns, os dechreue fe roi archwiliad i fi, y ffeindie fe rywbeth o'i le arna i!

Roedd Anna'n gorfod mynd i barti pen-blwydd Gwen, merch i un o'i chwiorydd – Gwenith, ac felly alle hi ddim dod 'da fi i Lanberis. A gwued y gwir, chymerodd hi ddim llawer o sylw o'r ffaith mod i'n mynd yno, achos yn amal ar benwythnose fe fyddwn i'n gweithio ar ryw raglen neu'i gilydd.

Off â fi, felly, a stopio ym Mhorthmadog i gael rhywbeth i'w fwyta – brechdane ham, cwpwl o Mars bars, can o Red Bull a Lucozade.

Fe gyrhaeddes Lanberis yn meddwl mod i'n mynd i fwynhau diwrnod o hwyl ac off i'r cae â fi, a sylweddoli'n syth fod yna griw o redwyr proffesiynol yno, a bod hon yn ras i bobol oedd yn gwybod beth roedden nhw'n ei wneud. Ro'n i'n teimlo mod i wedi entro ras Fformiwla 1 ar gefen beic. Roedd sawl un ohonyn nhw'n 'cynhesu' cyn dechre ar y ras go iawn, a finne'n meddwl am funud fod yna ras arall yn cael ei chynnal yno.

Roeddwn i'n teimlo 'O, be dwi wedi'i wneud' a sawl un o'r criw yn gofyn o'n i'n teimlo'n iawn. Finne'n gweud mod i ac yn benderfynol mod i'n mynd i gyflawni'r gamp, ac fe gadwes mas o ffordd y rhedwyr proffesiynol. Roedd gen i bar o dreinyrs trwm, da, ond hen, a'r rheini wisges i. Ro'n i'n teimlo mas o le a'r rhedwyr proffesiynol o nghwmpas i, i gyd yn eu shorts bach newydd a photeli dŵr a'u *watches* ffansi ar eu garddyne. Ond fe es i mewn i'r cefen yn rhywle i ganol y cannoedd eraill a dechre gyda'n gilydd o Lanberis gan fynd gyda'r crowd. Do'n i erioed wedi bod ar ben yr Wyddfa cynt, ac felly do'n i'n gwybod dim byd beth oedd o mlaen i nawr.

Yn fuan, fe sylweddoles i be o'n i wedi'i wneud ond o'n i'n mynd yn iawn, a rhyw hanner ffordd lan y mynydd roedd Llinos Haf, sy'n gweithio i'r BBC, ar ochor y llwybr yn fy annog i ddal ati: 'Dere mlaen Geraint bach, ti'n gwneud yn dda.' O'n i wedi dechre rhedeg, wel trotian neu loncian, gyda rhyw foi ac ro'n i'n trio dala lan 'da fe, ac yn cael *chat* bach bob hyn a hyn. Roedd hi'n dal yn heulog ac o'n i'n eitha hapus.

Ond ar ôl hanner ffordd fe waethygodd pethe, y mynydd yn mynd yn fwyfwy serth ac un man, Ysgol Jacob dwi'n credu yw'r enw arno, yn serth iawn. Sefes i fan'ny a dechre meddwl bod hyn yn sili. Ond y funud stopes i, dyma nghoese i'n dechre crynu ac roedd yn rhaid i fi ddala i fynd, dyna'r unig ffordd i'w stopio nhw rhag crynu. Erbyn hyn ro'n i yng nghanol niwl a glaw mân, ro'n i'n chwys i gyd a nglasys i wedi stemo fel nad o'n i'n gweld dim byd, ac roedd llawer o'r rhedwyr yn fy nghyfarfod ar y ffordd i lawr, wedi cyrraedd y copa ac ar hanner ola'r ras. Fe benderfynes y bydden i'n mynd lawr ar y trên. Roedd criw'r BBC wedi fy siarsio i beidio lladd fy hun, ac i ddod i lawr ar y trên os oedd pethe'n ormod i fi, a dyna benderfynes i wneud.

Fe gyrhaeddes i'r copa ac roedd Dei Tomos yno'n darlledu'n fyw a llawer o stiwardiaid o gwmpas yn fy annog i ddringo'r stepie i'r top. Fe glywes Dei Tomos yn gweud: 'Mae Geraint Lloyd wedi cyrraedd y copa.' Wydde fe ddim mod i'n bwriadu mynd i lawr ar y trên, a chyn i fi sylweddoli beth oedd yn digwydd roedd y stiwardiaid wedi 'nghyfeirio i ac fe ges fy hun ar y llwybr yn mynd i lawr o'r copa, a doedd dim amdani ond dal i fynd. A gweud y gwir, do'n i ddim yn siŵr iawn ble ro'n i a dwi ddim yn cofio cyrraedd y top ucha, y copa ei hun, sef pen y garnedd gerrig. Dwi isie mynd i ben yr Wyddfa eto i fi gael gweld y lle yn iawn.

Ond roedd pethe'n gwella ar y ffordd i lawr a ges i ryw rhythm yn fy nghoese er bod rhedeg yn anodd a sawl un yn cwympo, gan gynnwys y fi, ond dim ond unweth. Fe lwyddes yn rhyfeddol i gadw ar 'y nhraed ac roedd hi'n cynhesu fel ro'n i'n nesu at odre'r mynydd a dechre dod 'nôl i wres yr haul, ac roedd e'n deimlad braf. A chyn i fi sylweddoli, roeddwn i hanner ffordd i lawr, lle roedd Llinos, ac fe gadwes i fynd, a'r darn gwaetha un oedd y darn o'r briffordd i'r cae. Ges i drafferth ar y darn hwnnw gan fod 'y nghoese i wedi 'gorffen', ond fe gyrhaeddes y llinell derfyn mewn dwyawr a hanner, a dim fi oedd y dwetha o bell ffordd.

Roedd cyrraedd yn ôl yn deimlad bendigedig a dwi'n cofio Hywel Gwynfryn yn gweud: 'Dydi o ddim hyd yn oed wedi chwysu!' Ond chydig wydde fe gyment o ymdrech oedd hi. Dwi'n falch mod i wedi rhedeg y ras ac mae'r dystysgrif mewn lle parchus iawn 'da fi, ond fe fydda i'n meddwl ddwywaith cyn herio rhywun eto a chytuno i wneud rhywbeth heb wneud fy gwaith cartre gynta. Ond pe bawn i wedi gwneud 'y ngwaith cartre cyn ras yr Wyddfa, fydden i ddim wedi cymryd rhan ynddi.

Hwyl oedd y ras pan ddechreuodd hi, ond mae hi wedi mynd yn ras broffesiynol erbyn hyn, a rhedwyr amlwg o wahanol wledydd yn Ewrop yn dod i redeg ac i geiso torri'r record a phethe felly. Roedd y rhedwyr gore yn dod i lawr y mynydd i nghyfarfod i ymhell cyn i fi gyrraedd y copa ac roedd golwg frawychus ar rai ohonyn nhw, eu coese'n waed i gyd, a phenne rhai ohonyn nhw hefyd.

Tim Davies o Gymru enillodd y flwyddyn honno, a hynny mewn awr a saith munud, llai na hanner yr amser gymerais i; Ian Holmes o Loegr oedd yn ail a Tracey Brindley o'r Alban oedd y ferch gynta i orffen, a hynny mewn awr ac ugain munud.

Ro'n i wedi addo i Anna y byddwn i'n ôl erbyn y parti pen-blwydd a doedd hi ddim wedi cymryd llawer o sylw o'r hyn ro'n i'n ei wneud, yn meddwl 'run peth â fi taw diwrnod o sbort oedd e. Roedd hi wedi troi'r radio ymlaen ac wedi clywed y darllediad o'r ras, wedi troi'r teledu ymlaen hefyd a gweld y llunie ac roedd hi wedi cael llond twll o ofan, ond fe ffonies i hi i weud mod i'n iawn.

Roedd Sian Alaw wedi bwcio stafell i fi yn y Victoria yn Llanberis, ond fe wedes i mod i'n mynd adre, ac felly hanner awr ar ôl y ras off â fi. Neidio i'r car ac ro'n i'n teimlo'n iawn. Ond wedi peth amser do'n i ddim yn teimlo cystal, yn wir ro'n i ymhell o fod yn iawn, a phan ddes i i lawr heibio Trawsfynydd ac at Goed y Brenin, dyma stopio a mynd mas o'r car achos ro'n i'n ffaelu rhoi nhroed yn iawn ar y sbardun, ro'n i'n crynu i gyd. Felly mas o'r car â fi a dechre rhedeg 'nôl a mlaen nes bod fy nghoese i'n well. Roedd y peth yn hurt – ro'n i newydd gwpla ras yr Wyddfa ac yn gorfod rhedeg rhagor i gael fy nghoese'n iawn.

'Nôl â fi i'r car ac adre, ac fe gafodd Anna sioc pan welodd hi fi. Roedd golwg ofnadw arna i. Strêt i'r bath ac i'r gwely oedd y gorchymyn, a weles i r'un parti'r nosweth honno.

Bob tro y bydda i'n gweld Marathon Llundain ac yn clywed pobol ar y radio yn sôn am redeg ac am seiclo o fan i fan i godi arian a phethe fel'ny, dwi'n codi nghap iddyn nhw ac yn eu hedmygu'n fawr, achos erbyn hyn dwi'n gwybod fy hun sut brofiad yw e.

A sôn am seiclo, ddwy flynedd yn ôl roedd gyrwyr rali Cymru yn seiclo o Gaergybi i Abertawe i godi arian at Ambiwlans Awyr Cymru a Spinal Research. Mark Lewis o Ddinas Mawddwy drefnodd y cyfan. Fe gafodd e ddamwain fawr ac oni bai fod yr Ambiwlans Awyr wedi mynd â fe i'r ysbyty i gael triniaeth arbenigol ar ei asgwrn cefen fydde fe ddim mas o gader olwyn heddi, ac mae amheuaeth a fydde fe'n fyw. Fe berswadiodd rai o ralïwyr enwog Cymru, rhai fel Gwyndaf Evans, i gymryd rhan ac fe fues i'n eu dilyn nhw gan ddarlledu rhaglen bob nos. Dechre ym Mhorthmadog, yna Machynlleth a Chaerfyrddin, a finne'n ymuno â nhw ar y Sadwrn ac yn seiclo o Gaerfyrddin i Abertawe. Roedd Emyr Penlan gyda ni ac fe wnaethon ni'n dou herio'n gilydd pwy gyrhaedde Borth Tywyn gynta, a'r collwr yn rhoi £50 at yr achos.

Canlyniad tynnu coes oedd y sialens hon eto, fel ras yr Wyddfa. Bob nos yn ystod y daith roedd clybie moduron lleol yn trefnu ocsiwn a'r arian yn mynd i'r gronfa, a'r ocsiwnier bob tro oedd Howard Davies, partner Gwyndaf Evans yn llawer o'i ralïe. Cymeriad a hanner ydi Howard, a doedd raid i chi ond edrych arno fe ac fe fyddech chi wedi prynu rhywbeth. Ei dynnu coes e arweiniodd at Emyr Penlan a fi yn rhoi sialens i'n gilydd gan ei fod yn cyfeirio atom fel *part-time cyclists*. Doedd yr un ohonon ni wedi paratoi llawer ar gyfer y diwrnod wedyn, ond fe lwyddes i fynd i siop Halfords yng Nghaerfyrddin i brynu shorts seiclo.

Felly, ro'n i'n dal heb ddysgu ngwers yn iawn ac roedd y daith o Gaerfyrddin i Borth Tywyn yn un anodd; mae'n edrych yn fflat mewn car, ond dyw hi ddim. Ond fe gawson ni ddiwrnod ardderchog a'r daith yn gorffen ar Lwybr yr Arfordir. Mae Emyr yn seiclo tipyn a nadl i oedd fod ei feic e'n well na'n un i. Ond fe gyrhaeddon ni gyda'n gilydd, a'r ddou ohonon ni'n cyfrannu £50 i'r gronfa.

Roedd hi wedi bod yn wythnos wych a'r tywydd yn braf, a finne'n dilyn y beicwyr yn y camper-fan er mwyn gwneud y rhaglenni gan orffen gyda rhaglen fyw ar y nos Sadwrn. Yna, cyn diwedd y flwyddyn fe gelon ni swper yn Ninas Mawddwy a chyflwyno'r sieciau i'r Ambiwlans Awyr a Spinal Research, dros £20,000 i gyd. Ac fe gwrddes i â Michelle Marsh a'i gŵr, odd wedi dod lan o Lundain i dderbyn y siec i Spinal Research. Roedden ni a nhw'n sefyll mewn gwely a brecwast yn Ninas Mawddwy dros nos ac fe ddes i'n ffrindie mawr 'da nhw, a llynedd ges i wahoddiad i ginio crand iawn yn Neuadd y Ddinas yng Nghaerdydd. Nosweth i godi arian at Spinal Research oedd hi ac roedden ni i gyd mewn gwisg ffurfiol a dici bows yng nghanol pobol enwog. Fe wnes i enjoio'r nosweth honno'n fawr iawn ac roedd y ffaith ei bod yn wythnos cyn y Dolig yn ychwanegu at y teimlad o ddathlu. Dwi ddim yn un am wisgo lan i fynd i dŵ's posh, ond rhaid i fi gyfadde i mi joio'r nosweth honno.

* * * * * * *

Eleni, dyma dderbyn gwahoddiad i gerdded gyda Rhys Meirion. Swnio'n dda, on'd yw e? Cerdded bob cam o Abertawe i Gaernarfon, dros ddou gan milltir mewn wythnos! Na, nid hynny, ond cerdded un rhan o'r daith, o Lanfarian, y tu fas i Aberystwyth, i Fachynlleth, pellter o bum milltir ar hugain. Ddim yn swnio'n lot o'i gymharu â dou gan milltir, ond roedd e'n hen ddigon!

Y cerddwyr craidd oedd y deg oedd yn cerdded yr holl ffordd, ac yn eu plith roedd Rhys ei hunan wrth gwrs, Gerallt Pennant, Sara Elgan, Iolo Williams, Aled Siôn, Cyfarwyddwr Eisteddfod yr Urdd, a Robin McBryde, un o hyfforddwyr tîm rygbi Cymru. Yna, roedd rhai gwahanol yn eu cyfarfod bob dydd ac yn cerdded rhan o'r daith gyda nhw, a dydd Mercher oedd fy niwrnod i.

Roedd yn ddiwrnod andros o dwym, a phawb yn chwys diferu. Dyw Llanfarian ddim y lle gore i ddechre taith, a gwcud y gwir, achos mae dou riw serth cyn ichi gyrraedd Aberystwyth! Ond roedd stop ger Ysgol Llwyn yr Eos, a'r plant wedi dod i'n cyfarfod. Mae hi'n ysgol o 400 o blant, ac roedd yn rhaid ysgwyd llaw ag amryw ohonyn nhw. Ro'n i wedi bod yn yr ysgol beth amser cyn hynny yn helpu'r brifathrawes pan oedd hi'n dysgu'r côr i ganu ar gyfer ffair yr ysgol, ac roedd angen *backing track* arni er mwyn i'r canu swnio'n well. Caneuon Saesneg oedden nhw ond roedd yr acen ar y trac yn Americanaidd, ac roedd y plant yn canu felly! Rhoi'r caneuon ar CD wnes i ac fe ddwedes y gallwn i gynhyrchu faint fynne hi ohonyn nhw, a hithe'n gwcud y bydde'r rhieni'n fodlon talu £10 yr un amdanyn nhw.

Fe weles i'r brifathrawes yn y sioe eleni ac roedd hi'n gwcud bod popeth wedi mynd yn dda a bod rhai o'r rhieni nawr isie i'r ysgol gystadlu ar *X Factor*!

Beth bynnag am hynny, 'nôl at y cerdded, a doedd dim mwy na rhyw bum munud o stop i'w gael. Roedd yn rhaid bwrw mlaen ar ôl cael siec wedi'i chyflwyno i ni a llawer o ysgwyd llaw a dymuno'n dda. Bryd hynny y sylweddoles i o ddifri peth mor fawr a phwysig oedd e, ac y bydde llawer o ysgwyd llaw a dymuno'n dda a chyfrannu arian yn digwydd gydol y daith.

Roedd y daith wedi'i threfnu'n dda, gyda chwmni Lux, y cwmni sy'n gosod goleuade traffig, yn gyfrifol am ddiogelwch, yn rheoli'r traffig ac yn ein rheoli ni. Roedd dwy fan ganddyn nhw a phic-yp a goleuade'n fflachio. Nhw oedd wedi trefnu llwybr y daith ymlaen llaw, lle roedden ni'n gadael y ffordd ac yn dilyn y llwybre, pa ffyrdd i'w dilyn a phryd i groesi'r hewl. Gelech chi ddim croesi fel liciech chi na phryd liciech chi; roedd yn rhaid aros i bawb groesi gyda'i gilydd, ac roedd yn bwysig, felly, nad oeddech chi ormod y tu ôl. Gerallt Pennant oedd yn gosod y tempo ac roedd disgwyl inni wneud tua phum milltir yr awr, sy'n dipyn o gerdded, ac yn dipyn o sioc i'r system!

Mae Iolo Williams yn ddyn ffit iawn ac roedd e'n cerdded

ar y blaen yn amal ac yn rhedeg yn ei ôl bob hyn a hyn i gefnogi a chodi calon y rhai tu ôl. Ymlaen â ni i lawr y rhiw a heibio Plas Crug ac yna'r Ysgol Gymraeg. Yma eto roedd nifer fawr o blant yn ein disgwyl ac yn cerdded gyda ni wedyn, neu'n ein dilyn ni i'r prom. Plant yr Urdd oedd llawer o'r rhain gan fod y mudiad yn rhan o'r ymdrech eleni ac Aled Siôn a Mr Urdd gyda ni – Aled Siôn yn un o'r cerddwyr craidd a Mr Urdd yn esgus cerdded. Beth oedd yn rhyfedd oedd fod Mr Urdd yn cyrraedd yr ysgolion o'n blaen ni bob tro! Roedd yr ysgolion ar gau gan ei bod yn wyliau'r haf, wrth gwrs, ond roedd amryw o'r athrawon wedi dod â'r plant i gwrdd â ni.

Ar y prom roedd bwyd yn ein haros, gan fod cwmnïe gwahanol yn noddi bob dydd, a chwmni Teithiau Tango, cwmni newydd o Aberystwyth, oedd yn noddi'r dydd Mercher a chware teg roedd y cwmni wedi darparu'n dda. Roedd cegin mobeil ar y prom a gwahanol fwydydd, yn cynnwys brechdane a phasta a chyw iâr yn ein disgwyl ni. Ond prin chwarter awr, ugain munud ar y mwyaf, oedd yr amser oedi a gorffwyso cyn palu mlaen, nid ar y ffordd fawr ond ar hyd Llwybr yr Arfordir o Aber i'r Borth. Yr ymdrech gynta oedd lan i ben 'Consti' – Constitution Hill, taith yn yr haul ag awyr las, ddigwmwl uwch ein pen, diwrnod bendigedig i gerdded yr arfordir petai amser 'da chi i'w fwynhau. I lawr i Glarach wedyn, a finne'n cydgerdded gyda rhai gwahanol o dro i dro, gan gynnwys Iolo Williams, nad o'n i'n ei nabod yn dda iawn cyn hyn, ei nabod fel Iolo wrth gwrs ond erioed wedi cael sgwrs go iawn 'da fe tan inni gydgerdded i Glarach. Roedd e'n gwmni da, yn gwmni difyr, a dyna un peth ynglŷn â'r daith – y cyfle i gyfarfod gwahanol bobol a sgwrsio gyda rhai nad o'n ni'n eu nabod o'r blaen.

Ro'n i'n gyfarwydd â'r llwybr o Aber i Glarach gan ei fod yn rhan o'r ymarfer wnes i slawer dydd ar gyfer ras yr Wyddfa, ond roedd y llwybr oddi yno i'r Borth yn ddierth i fi ac am un rhan, rhwng Wallog a Bryn Bwa, lle mae bae bychan, wel peidiwch â sôn! Roedd hi'n andros o serth yno, yn codi cryn ganllath mewn amser byr iawn. Bryn ydi'r enw arno fe, ond

135

mynydd dwi'n ei alw! Ro'n i wedi bod yn cerdded ers teirawr erbyn hynny ac roedd y rhan hon yn anodd tu hwnt. Cafodd pawb saib ar y top, pawb wedi colli'i wynt, ond allen ni ddim stopio, roedd yn rhaid dala i fynd ac aros yn nes ymlaen yn y cysgod. Roedd ffarmwr wedi dod i gwrdd â ni yn fan'no, fe oedd bia'r cae ac arhosodd pawb i siarad â fe.

I lawr i'r Borth wedyn, a chinio yn fan'no a phawb isie bwyd erbyn hynny. Mae'n bwysig bwyta – ac yfed digon – ar daith o'r fath, a weloch chi erioed fwyd yn diflannu mor glou! Taith ar y gwastad wedyn, gan groesi ar hyd llwybr cyhoeddus gydag ymylon Cors Fochno i Daliesin ac ymuno â'r briffordd yno. Galw yn Ysgol Taliesin, lle roedd y plant yn ein cwrdd, wedi bod yn casglu arian ar ein cyfer, a chafodd siec ei chyflwyno. Rwy'n cofio'n arbennig un ferch fach isie rhoi arian yn y bwced ac yn dod gyda llond bag plastig o arian, wedi bod yn ei gasglu o amgylch y tŷ, medde hi! Roedd e'n deimlad gwych fod cymaint o arian yn cael ei gasglu a phobol yn dod i gefnogi. Pobol yn stopio yn eu ceir i gyfrannu a llawer o ganu corn i'n cyfarch.

Os o'n i'n meddwl bod cerdded o Glarach i'r Borth yn anodd, o Daliesin ymlaen y sylweddoles i mewn difri gymaint anoddach oedd cerdded ar darmac yn hytrach nag ar lwybr, a sylweddoli hefyd gymaint roedd y cerddwyr craidd yn gorfod ei ddioddef ar y daith hir o Abertawe. Rwy'n llawn edmygedd ohonyn nhw, roedd eu hymdrech yn wir arwrol.

Fe ddwedodd rhywun fod un milltir ar ddeg 'da ni ar ôl pan oedden ni'n gadael Ysgol Taliesin, ac roedd hi rhwng dou a thri o'r gloch y pnawn erbyn hyn, pawb wedi blino a theithio'n anodd. Ges i sgwrs fach 'da ambell un – rhai isie siarad trwy'r amser, rhai'n gweud dim. Pawb yn wahanol. Ar adege ro'n i'n ceisio camu yr un fath â Gerallt Pennant a'r rhai oedd yn arwain, ac yna'n gorfod newid rhywfaint ar fy ngham am dipyn, a bryd hynny roedd hi'n syndod gymaint o mlaen i oedden nhw. Roedd newid bychan bach mewn cyflymder neu hyd cam yn fuan iawn yn rhoi pellter rhyngoch chi a'r rhai oedd yn arwain.

Gawson ni stop tua Glandyfi, ac roedd gweithwyr y contract mawr oedd yno i ledu'r ffordd yn groesawus iawn ac wedi gadael inni ddefnyddio'u cyfleustere. Pum milltir o'r daith oedd yn weddill, ond ar ôl egwyl roedd hi'n anodd ailddechre. Roedd Rhys wedi gweud hynny wrtho i amser cinio ond wedi gweud hefyd y bydden ni'n iawn ar ôl y deng munud cynta bob tro, ar ôl setlo i rhythm y cerdded. Ond erbyn Glandyfi a'r bwyd dwetha, ro'n i'n meddwl bod gen i flister. Dylan Parry oedd y doctor ar y daith; a gweud y gwir, y diwrnod hwnnw roedd gyda ni ddou ddoctor, gan fod Harri Pritchard 'da ni hefyd am fod y trefnwyr yn poeni braidd gan fod y gwres mor llethol ar hyd y daith.

Roedd Dr Dylan Parry yn gwneud y daith i gyd; mae e'n foi ffit iawn ac yn gwneud lot o gerdded. Holodd e fi o'n i'n iawn ac fe ddwedes mod i'n meddwl bod gen i flister ond nad o'n i'n mynd i edrych. 'Sa i isie gweld,' medde fi. 'Na,' medde fe. 'Drycha i arno fe nawr.' Ond ro'n i'n iawn, rhyw ddechre blister oedd e, dim byd mawr ond fe roddodd ryw eli a phlaster arno fe.

Yn y man, fe allen ni weld cloc tre Machynlleth drwy'r coed, ond roedd yna filltir a hanner i fynd, ac roedd y rhan ola ar hyd y gwastad yn anodd, credwch chi fi. Gerallt a Rhys oedd ar y blaen erbyn hyn ac Aled Siôn yn dilyn a finne'n ceisio cadw gam wrth gam gyda nhw gan ganolbwyntio ar eu traed a'm llyged i fwy neu lai wedi cau. Ond roedd lot o hwyl i'w gael ar y daith a'r cyfan yn cadw ysbryd pawb lan.

Roedd croeso Machynlleth yn anhygoel – y band a phlant yr ysgol a channoedd o bobol wedi troi mas i'n cyfarfod, a dou drwmpedwr yn dod i'n harwain i mewn i'r dref. Roedd pawb yn teimlo'i fod e'n bwysig i'r dre ar ôl yr amser caled gawson nhw a'r gwewyr mawr o golli'r ferch fach, April. Fe gofies taw noswaith gynta'r drefen newydd i fy rhaglen, Hydref 1af y llynedd, oedd y noswaith yr aeth April ar goll. Yr alwad gynta ges i y noswaith honno oedd un gan bobol o Fachynlleth o'n i'n eu nabod yn gofyn allwn i weud ar y rhaglen fod merch

137

fach ar goll. Ond do'n i ddim yn galler gweud dim ar y rhaglen gan nad oedd yr wybodaeth wedi'i chadarnhau gan yr heddlu. Erbyn un ar ddeg y nosweth honno roedd y newyddion yn swyddogol ac fe alles gyhoeddi hynny a diolch i'r bobol am ffonio'r rhaglen gan fod rhai'n ffaelu deall pam nad o'n i'n darlledu eu negeseuon.

Fe wnes i gyfarfod Coral, mam April, a'i thad, Paul ar ôl i fi gyrraedd Machynlleth a'u cael yn bobol ddymunol iawn; ro'n i'n falch o gwrdd â nhw a hwythe'n falch o ddod mas. O gwmpas y cloc yr oedd yr holl groeso a'r dyrfa, ac roeddwn i wedi blino'n lân ond yn teimlo'n weddol ar wahân i hynny. Ond roedd hi'n nosweth eitha emosiynol rhwng popeth.

Roeddwn i wedi blino, oeddwn, ond ro'n i isie cario mlaen drannoeth wedyn. Mae rhywbeth ynglŷn â'r cyfan sy'n gafael ynoch chi. Y nosweth honno roedd y cerddwyr craidd yn aros ym Mhlas Dolguog, ger Cemaes, ond roedd Anna wedi holi sut ro'n i'n bwriadu dod adre o Fachynlleth. Roedd bỳs yn mynd â ni 'nôl i Aberystwyth, ac yna fe fydde'n rhaid iddi hi ddod i'm nôl i. Ond roedd hi wedi chwech arnon ni'n cyrraedd Machynlleth, roedd hi'n ffair haf yn ysgol Tomos, ac roedd Anna yn fan'no, felly roedd problem.

Roedd clwb pobi wedi dechre yn Aberystwyth ac roedden nhw isie cwrdd yn y siop y nosweth honno. Felly, fe ddwedes wrth Anna am beidio rhuthro, yr awn i i'r siop i gwrdd ag aelode'r clwb pobi ar ôl i fi dychwelyd i Aberystwyth. Cyn cyrraedd y dre fe aeth fy ffôn i'n fflat, y batri wedi gorffen – dim rhyfedd gan mod i wedi iwsio cymaint arno fe yn ystod y dydd. Fe aeth y bỳs â fi i Heol y Wig at y siop, ond erbyn i fi gyrraedd roedd y lle wedi cau a phawb wedi mynd adre! A doedd 'da fi ddim allwedd i fynd i mewn ac roedd fy ffôn symudol i'n fflat!

Ro'n i wedi blino cyment fel do'n i ddim yn galler meddwl yn strêt, ond fe benderfynes fynd i giosg i ffonio Anna – ond doedd hi ddim adre. Felly roedd yn rhaid ei ffonio ar ei ffôn symudol. Ond allwn i ddim cofio'i rhif a chan fod fy ffôn i'n fflat doedd dim modd i hwnnw ei ddangos. Doedd dim i'w wneud ond ffonio Siân, a dim ond ei rhif gartre o'n i'n ei gofio. Ond doedd hi ddim yno! Ro'n i'n styc yn Aberystwyth, wedi cerdded yr holl filltiroedd ac eto'n ffaelu cyrraedd adre. Doedd dim i'w wneud ond stopio tacsi a gofyn iddo fynd â fi i Ledrod. Ac fe wnaeth – am £17! Ro'n i wedi blino, bobol bach, ond yn eitha da erbyn drannoeth, yn stiff, ie, a dim llawer o hwyl arna i, ond dim un blister. Fe fues yn siarad ag Ifan Jones Evans yn y sioe yn Llanelwedd, Ifan oedd wedi cerdded ar y dydd Mawrth o Lambed i Aberystwyth. Ac roedd e wedi diodde'n ofnadw 'da blisters. Felly, er nad oedd fawr o hwyl arna i drannoeth, ro'n i'n lwcus wir nad oedd pethe ddim gwaeth.

Fel y gŵyr pawb erbyn hyn, roedd taith eleni yn un lwyddiannus iawn, a Rhys Meirion, yr arweinydd, oedd wedi diodde cymaint y llynedd oherwydd ei fod e'n gwisgo esgidiau anaddas, yn dod mas ohoni'n llawer gwell. Roedd y cyfan yn brofiad gwefreiddiol – ceir yn stopio i roi arian, ceir yn canu corn, a dim ond ambell un yn ddiamynedd ac yn canu'r corn am y rhesymau anghywir!

Dwi'n hynod o falch mod i wedi llwyddo i fod yn rhan o'r daith, a dwi bob amser yn barod i dderbyn sialens.

* * * * * * *

Nid corfforol yw pob sialens, ac nid pobol eraill sy i'w beio am bob un chwaith, ond chi eich hun.

Rydw i'n nabod Siân, fy mhartner busnes, ers blynydde, cyn erioed inni weithio 'da'n gilydd ar y radio. Roeddwn i'n gwybod amdani cyn ei nabod, yn gwybod am y teulu, teulu Waunfawr, Tregaron, ac yn gwybod am ei brodyr hŷn – John a Robert, dou chwaraewr rygbi da. Ond drwy Radio Ceredigion y dois i i'w nabod yn iawn a hynny ar ddechre'r nawdegau. Pan ddechreuodd y cwmni, penodwyd hi'n ymchwilydd ac yn ysgrifennydd i'r radio, a finne ar y pryd, drwy nghysylltiad â Felin-fach, yn gwirfoddoli i wneud mwy a mwy ar gyfer rhaglen bore Sadwrn.

Ro'n i'n ysu am wneud mwy, a Siân roddodd fi ar ben ffordd gyda llawer o bethe. Dwi'n cofio mynd i rywle i recordo sgwrs ar gyfer rhaglen a hynny gyda'r hen deip o dâp recordo, ril i ril. Wedi dychwelyd i'r stiwdio, roedd yn rhaid golygu ac fe ddwedodd Siân y base hi'n dangos i fi sut i wneud y job. Mae Siân, sy ddeng mlynedd yn iau na fi, yn gymeriad unigryw, yn rhoi llawer o waith drwy'i dwylo ac yn fodlon gweud neu ddangos i chi unweth a dyna fe, ac os nad ydech chi'n cymryd sylw'r tro cynta, wel tyff! Mynd ati gyda llafn rasel wnaeth hi i dorri'r darnau nad oedd eu hangen o dâp y recordiad a chysylltu'r gweddill wrth ei gilydd. Na, doedd dim nonsens 'da Siân, a dwi'n cofio meddwl, ddo'i mlaen yn iawn 'da hon, doedd dim byd ffals o'i chwmpas hi.

Byth ers hynny ry'n ni wedi bod yn ffrindie mawr, a bu cyfnod, cyn iddi hi gael swydd 'da'r BBC tua chanol y nawdegau, pan mai hi a fi oedd yn gwneud y cyfan, bron, gyda rhaglenni Radio Ceredigion.

Dwi'n cofio Rali Ffermwyr Ifanc yn cael ei chynnal yn Nhal-y-bont a ninne'n penderfynu darlledu oddi yno a gwneud hynny'n fyw, ond yna'n darganfod nad oedd modd gwneud hynny am nad oedd y signal y gweithio. Ond roedden ni isie creu'r argraff ein bod ni'n darlledu'n fyw, felly penderfynwyd dechre recordo'n y bore am ddeg, rhuthro â'r tâp i Aberystwyth a darlledu o'r fan honno am hanner dydd. Roedd 'da ni ddwyawr wrth gefen felly, a bob awr fe fyddwn i'n rhuthro â thâp arall i Aberystwyth gan ddal ati fel'ny drwy'r dydd. Ond fe fydde'r amser yn mynd yn fwy tyn wrth i'r diwrnod fynd yn ei flaen.

Ro'n i wedi cael menthyg carafán Radio Ysbyty Bronglais i weithredu fel stiwdio yn y rali ac roedd Land Rover 'da fi i'w thynnu. Ond roedd y traffig yn drwm iawn y bore hwnnw a chyrhaeddes i ddim am ddeg. Fe ges i bryd o dafod gan Siân am fod yn hwyr, a finne'n whilo am bob esgus ac yn ceisio rhoi'r bai ar y traffig. Ond dderbyniodd hi mo'r esboniad hwnnw – fe ddylswn i fod wedi cychwyn yn gynt, er mwyn bod yno mewn pryd! Fe alle hyn fod wedi dod â chyfeillgarwch oedd newydd ddechre i ben yn ddisymwth, ond wnaeth e ddim, diolch am hynny. Un fel yna oedd hi, ac yw hi, a phryd o dafod neu ddim fe ddaethon ni'n ffrindie mawr, a so ni wedi cweryla ers hynny – dros ugain mlynedd yn ôl erbyn hyn. Chi'n gwybod lle chi'n sefyll 'da Siân, ac mae hynny'n bwysig.

Er iddi adael Radio Ceredigion ac ymuno â'r BBC yn 1996 ddaeth ein cydweithio ni ddim i ben, achos yn 1997 fe ges inne swydd 'da'r Gorfforaeth. Siân wedyn oedd yn cynhyrchu'r rhaglen a dyna'r bartneriaeth yn ôl, ac yn ystod y cyfnod hwnnw roedden ni bob hyn a hyn yn gweud wrth ein gilydd fod angen siop i werthu cynnyrch Cymreig yn Aberystwyth. Fe fydden ni'n mynd ein dou i'r Sioe Fawr bob blwyddyn, i ddechre gyda Radio Ceredigion gan ddarlledu teirawr bob dydd, a hynny trwy linell ffôn o adeilad y WDA nes inni gael peiriant recordo, ac yna gyda'r BBC cyn sefydlu ein cwmni ein hunain yn 2006. Roedden ni'n sylwi bob blwyddyn fod nwyddau Cymreig yn cynyddu ac yn dod yn fwyfwy poblogaidd, ac yn gweld yr angen am leoedd i'w gwerthu i'r cyhoedd yn Aberystwyth.

Roedden ni'n gweld gwahanol gwmnïe yn Aber yn gwerthu cynnyrch gwahanol wledydd. Caiff bwydydd Gwlad Pŵyl a Sbaen a gwledydd eraill eu gwerthu yn y dref, felly pam ddim cynnyrch Cymreig?

Ac yn enw Cwmni Mynydd Bach dyma agor siop o'r diwedd, ar ôl siarad digon am y peth a meddwl am bob mathe o gynlluniau. Gweld cyfle wnaethon ni. Yn Aberystwyth mae pawb yn gwybod ble i fynd i brynu llyfre Cymraeg, sef Siop y Pethe neu Siop Inc, ond ble roedd bwydydd a diodydd Cymreig i'w cael? Ble allech chi brynu wisgi Penderyn neu gawsiau Shir Gâr? Fe fydde'n rhaid i chi grwydro holl siope Aberystwyth cyn dod o hyd iddyn nhw. Felly y bydden ni'n trafod yn amal wrth ddod o'r sioe neu'r Ffair Aeaf bob blwyddyn, yn gweld yr angen a meddwl be allen ni ei wneud i lenwi'r bwlch.

Pan ddechreuon ni wneud rhaglenni i'r BBC yn enw Cwmni Mynydd Bach, doedd dim angen inni wario arian mawr gan ein bod yn gallu defnyddio stiwdio'r BBC. Roedd raid i ni wneud hynny, a gweud y gwir, yn ôl y rheole, felly roedden ni fel cwmni'n gallu cynilo arian bryd hynny, ac o ganlyniad, pan agorwyd y siop, doedd dim rhaid inni fenthyg arian i'w rhoi hi ar ei thraed.

Yr hyn ddaeth â phethe i fwcwl oedd newid yn y dull o weithio. Fe ddaeth y rhaglen roedden ni'n ei gwneud i'r BBC i ben, ac er mod i'n iawn gan fod gen i waith *freelance* gyda'r BBC, doedd dim gwaith gan Siân, ac felly dyma fynd ati o ddifri i sefydlu busnes. Ar y dechre fe fuon ni'n whilo am adeilad gwag i'w brynu gan taw dyna'r syniad cynta, ac roedd digon ohonyn nhw yn Aberystwyth. Ond roedd gormod o waith adnewyddu arnyn nhw, a bydde hynny'n gost ychwanegol ar ben y pris uchel fydde'n rhaid ei dalu am yr adeilad yn y lle cynta.

Fe gawson ni le ar rent, yr hen *Welsh Cellar* yn Heol y Wig, drws nesa i'r Caban, a doedd dim gwaith mawr i'w adnewyddu. Dyw dou Gardi ddim isie gwario gormod, chi'n gweld! Roedd angen addasu tipyn bach yno, fel cael dŵr tu ôl i'r cownter gan fod angen syrfo coffi. Fe wnaethon ni'r rhan fwya o'r gwaith ein hunain ar wahân i'r ailweiro, honno oedd y gost fwya. Ond roedd costau eraill, wrth gwrs, yn arbennig oherwydd ein bod angen trwydded alcohol a'n bod yn arlwyo bwyd. Fe fuodd raid i un ohonon ni fynd ar Gwrs Alcohol yng Ngholeg Ceredigion er mwyn cael trwydded, a Siân aeth, gan taw yn enw un person y bydde'r drwydded, a hi aeth ar y Cwrs Hylendid Bwyd hefyd. Roedd trwydded alcohol yn costio rhwng £300 a £400 a hysbysebu yn y *Cambrian News* yn £180, a hynny am hysbýs bychan. Roedden ni am ei ga'l yn Gymraeg a Saesneg, ac fe awgrymodd swyddog y Cyngor ein bod yn gofyn am ei gael yn y ddwy iaith am yr un pris. Ond fe ddywedwyd y bydde'n rhaid inni dalu dwbwl am hynny. Roedden nhw'n gwybod, on'd oedden nhw, fod yn rhaid inni gael y drwydded! Fe benderfynon ni ar y Gymraeg yn unig 'te, ond na, roedd yn rhaid cael y Saesneg oherwydd rheole alcohol! Bydde chi'n cael ambell i goment, 'O ry'ch chi'n ei gwneud hi'n iawn, ry'ch chi mewn busnes,' heb ystyried y gost sy ynglŷn â'r holl beth.

Ydi, mae hi'n ddrud i ddechre busnes, a'r pethe bach yn mynd yn swm mawr yn y diwedd, ond rhaid eu cael nhw, ac fe fuodd Cyngor Ceredigion yn dda iawn 'da ni yn ein cyfarwyddo a'n cynghori. Roedd yn rhaid cael y notis yn y papur ac yna poster lan ar adeilad y siop am 28 diwrnod er mwyn rhoi cyfle i rywun wrthwynebu. Ond wnaeth neb, diolch byth.

Roedden ni wedi meddwl agor ar Ragfyr 1af, ond roedd mwy o waith nag roedden ni'n feddwl, ac fe agoron ni wythnos cyn y Nadolig, a fuon ni'n hynod o fishi. Mae'r lle yn gaffi, yn cynnig coffi a the, cacen a pheis, ac mae hefyd yn siop, gyda rhwng dou a thri chant o wahanol eiteme, y cyfan o Gymru, yn win a chwrw a chawsiau a jams a phethe fel'ny. Siân sy'n rhedeg y siop a'r caffi, dyna'i job amser llawn hi. Deuddeg stôl sy 'da ni ar gyfer y caffi; tase 'da ni fwy, fe fydde'r rheole'n newid a'r lle yn cael ei ddiffinio fel rhywbeth arall.

Nelon ni ddechre cyflogi rhai dros yr haf, a'r rheini'n dod i mewn yn ôl yr angen. Ry'n ni'n agor tua naw fel arfer, er ei bod hi'n eitha tawel yn y dre tan tua deg, ac wedyn yn cau tua hanner awr wedi pump. Mae rhai myfyrwyr wedi bod yn galw yn ystod y tymor ac yn nhymor yr haf mae'r ymwelwyr yma, wrth gwrs. Fi sy'n cau'r siop nos Lun, nos Fawrth a nos Fercher er mwyn i Siân gael mynd at ei phlant, hithe wedyn ar nos Iau a nos Wener, ac amrywio ar y Sadwrn rhyngto fi, Siân ac Anna. Dy'n ni ddim yn agor ar y Sul, mae hi'n eitha tawel bryd hynny. Mae'r til yn gwahaniaethu rhwng yr arian sy'n dod i mewn drwy'r caffi a thrwy'r siop. Ry'n ni'n banco bob dydd gyda HSBC ac rwy'n gwneud llawer o'r gwaith ar y we. Mae gynnon ni wefan hefyd – ysiopleol.co. Dyddie cynnar yw hi yn ein hanes ac ry'n ni'n dysgu rhywbeth newydd bob dydd.

PENNOD 12

Priodi

FE BRIODODD SIW a fi yn 1982 yng Nghapel yr Annibynwyr, Dihewyd, lle roedd hi'n aelod, fi'n ddwy ar hugain oed a hithe chwe blynedd yn hŷn. Gweinidog y capel oedd y Parch. Hywel Mudd, a fe briododd ni. Pan gyrhaeddes i'r sêt fowr roedd e yno yn aros amdanaf, a'i eirie cynta i fi oedd: 'Be ti am wneud, sefyll neu rhedeg?' Ydi, mae Hywel Mudd yn gymeriad, yn flaenllaw iawn gyda'r gymdeithas chware coits ac wedi bod yn gadeirydd y gymdeithas honno. Fe gwrddes i â fe yn weddol ddiweddar, yn 2011, er nad oeddwn wedi'i weld ers blynydde cyn hynny, pan es i i recordo cystadleuaeth goits rhwng yr Alban a Chymru, ac roedd e'n flaenllaw iawn gyda'r gystadleuaeth honno, a enillwyd, gyda llaw, gan Gymru.

Roedd e'n ffrindie mawr gyda Siw, oedd yn byw ar ei phen ei hun yn Nihewyd, ac fe fydde'n mynd i'w gweld yn amal ac yn chware dominos gyda hi. Fe fyddwn i'n mynd draw i'w gweld wrth gwrs ac weithie bydde fe'n galw. Fe fyddwn i'n mynd adre tua hanner nos gan mod i isie gweithio drannoeth ond bydde fe'n aros i chware dominos tan tua dou o'r gloch y bore!

Fy nghefnder Emyr – Emyr Evans, aelod arall o dîm siarad cyhoeddus y Clwb Ffermwyr Ifanc – oedd y gwas priodas, a Janet, chwaer Siw oedd y forwyn. Fe gawson ni'r wledd briodas yng ngwesty'r Seabank ar y ffrynt yn Aberystwyth, a mynd i Weston-Super-Mare ar ein mis mêl.

Fe fuo ni'n briod am ugain mlynedd, ac ar y dechre roedden ni'n byw yng nghartre Siw yn Nihewyd. Ond fe benderfynon ni adeiladu byngalo yn Lledrod ar dir y ffarm, ac roedd yn rhaid gwerthu'r tŷ yn Nihewyd i gael arian i'w godi. Fe ddaeth rhywun i'w brynu'n sydyn cyn bod ein tŷ ni wedi'i godi ac fe fu'n rhaid inni symud ar unweth.

Gawson ni dŷ ar rent yn Llangwyryfon, sef Tan y Gaer, tŷ oedd yn perthyn i Rhiannon Phillips, chwaer Teleri Bevan y cwrddes â hi ym mhabell Radio Ceredigion yn Eisteddfod Aberystwyth, ac fe fuon ni'n byw ynddo am dair blynedd. Roedden ni'n dlawd fel llygod eglwys, yn enwedig gan ein bod hefyd yn adeiladu tŷ yn Lledrod. Dwi'n cofio gaeafau oer iawn yno. Doedd dim gwres canolog yn y tŷ, dim ond *storage heaters*, ac ar ôl derbyn anferth o fil trydan fe fu'n rhaid inni dreulio gaeafau heb wres. Yno roedden ni'n byw pan anwyd Carys, ein merch, ar 10 Mai 1984. Fe'i ganed yn Ysbyty Bronglais dair wythnos yn gynnar ac roedd hi yn fach, fach, yn ddim ond ychydig dros bum pwys.

Roedd Mam yn ffys i gyd, ac roedd yn rhaid mynd adre bob dydd Sul am ginio. Dwi'n cofio un Sul pan oedd Carys tua mis oed, roedden ni wedi'i rhoi yn ei basged – basged wellt, a fi oedd yn ei chario i'r car. Rywsut fe slipiodd fy llaw ac fe golles 'y ngafael ar un handlen ac fe gwympodd Carys i'r llawr a rowlio o dan y car. Dyma fi, wedyn, yn fy mhanig yn rhuthro i'w chyrraedd a'i rhoi yn ôl yn y fasged cyn i Siw ddod mas o'r tŷ! Doedd hi ddim gwaeth, diolch byth, ar wahân i gwt bychan ar ei thrwyn lle roedd carreg wedi'i chrafu. Ond wnaethon ni ddim gweud wrth Mam be oedd wedi digwydd neu fe fydde'r byd ar ben ac fe fydde'n ein gweld yn anghyfrifol iawn. Fe dderbyniodd yr esboniad ei bod wedi'i chrafu ei hun rywsut.

Doedd dim gwregysau diogelwch mewn ceir bryd hynny, yn sicr ddim mewn car rali fel oedd gen i. Felly roedd yn rhaid gweithio cynllun i strapo'r fasged yn sownd wrth fynd â hi yn y car, yn enwedig gan mod i'n ddreifar eitha gwyllt yn y dyddie hynny. Doedd cael sêt babi yn y car ddim yn beth cŵl yr adeg honno chwaith – nid dyna'r ddelwedd iawn, ac fe fydde bois eraill yn cael sbort am 'ych pen ac yn 'ych gweld wedi cwympo i'r trap!

Eurfyl Williams, adeiladwr ardderchog, mab Jeno, ffrind gore Mam, gododd y byngalo inni, ond ni'n hunain gliriodd y safle – tunelli ar dunelli o stwff, ac fe gymerodd fis i ni. Pan o'n i'n blentyn fe fydde ffrind i Dad, Twm Ynys Goch, yn dod i weithio ar y ffarm gyda'i JCB bychan. Cymeriad ar y naw oedd Twm ac fe ddaeth â'i beiriant i'n helpu i glirio'r lle, y fe a Tom, un oedd yn gweithio yn chwarel yr Hendre.

Ar ôl tyllu a thyllu a chlirio'r pridd fe ddaethon ni i graig, a dyna pryd y daeth Tom i'r busnes. Ro'n i'n gyfarwydd ag e, wedi cwrdd ag e sawl tro ac fe wyddwn ei fod e wedi arfer gosod ffrwydron i chwythu'r graig yn ei waith bob dydd. Fe weles i e mewn tafarn ym Mronnant a gofyn iddo fydde fe'n gosod ffrwydron i ni i chwythu'r graig. Doedd e ddim yn gweld problem, dim ond bod y tir ar bwys y ffordd fawr ac y bydde'n rhaid bod yn ofalus. Fe adawodd Tom y lle ar ôl gosod y ffrwydron, doedd e ddim am fod yn gyfrifol am y tanio – fe alle hynny fod yn ddigon am ei job yn y chwarel! Dad a fi ac un mêt arall, John, gafodd y jobyn honno! Roedd yn rhaid sefyll ar y ffordd fawr i wylio nad oedd car yn dod gan na wydden ni pa mor bell y bydde'r cerrig yn cael eu chwythu. Ac roedd raid i ninne sefyll yn ddigon pell wrth danio hefyd.

Fe weithiodd y ffrwydriad cynta'n iawn, ond roedd yr ail yn llawer cryfach, ac fe osodwyd cebl digon hir fel ein bod yn ddigon pell pan oedd e'n ffrwydro. Fe dasgwyd cerrig i ganol y ffordd fawr ac roedd yn rhaid inni wrando'n astud am sŵn car a'u clirio'n sydyn cyn i'r un ddod heibio. Sut delen ni i ben heddi gyda'r holl reole sydd yna, wn i ddim, ond ar y pryd fe weithiodd Ac ar ôl cwblhau'r byngalo fe fuon ni'n byw yno gan gymryd rhan yn y panto yn Felin-fach gydol y blynydde. Roedd Siw ar y staff yno nes iddi gael swydd yn Adran Addysg y Brifysgol yn Aberystwyth, ac yna yn ysgrifenyddes i'r Parch. John Tudno Williams yn y Coleg Diwinyddol.

Yna, fe ddaeth Anna i'r pictiwr ac i mywyd i. Un o Bow Street yw hi ac roedd yn ddisgybl yn Ysgol Rhydypennau yn nyddie Eddie Jones, a'i wraig Bethan, oedd yn rhoi gwersi piano iddi, ac yn ei gwarchod weithie hefyd pan oedd hi'n fabi.

Mae ei thad, Robert Roberts yn hanu o Bwllheli, ac roedd yn athro Addysg Arbennig yn ysgolion Dinas a Phenweddig, ac yna yn Botwnnog, a'i mam, Felicity Roberts yn dod o Chwilog ac yn Diwtor yn Adran y Gymraeg ym Mhrifysgol Aberystwyth. Mae ei thaid, Tom Hughes-Ellis yn gyn fet ac erbyn hyn yn 93 mlwydd oed.

O Ysgol Penweddig fe aeth Anna i Goleg y Drindod yng Nghaerfyrddin a graddio yno mewn Astudiaethau Theatr, ac ar ôl bod ar y dôl am ryw fis cafodd gynnig swydd gyda Theatr Felin-fach. Roedd hi wedi bod yn aelod o CIC, sef Cwmni Ieuenctid Ceredigion, er pan oedd hi'n bedair ar ddeg ac wedi cymryd rhan ym mhob cynhyrchiad o'u heiddo, felly fe wydden nhw ddigon amdani i gynnig swydd iddi. Roedd cynllun Gwobr Dug Caeredin yn ariannu'r swydd ar y pryd, a'i gwaith oedd datblygu'r Wobr honno trwy gyfrwng y celfyddydau.

Fe barodd y swydd am flwyddyn ac yna datblygu i fod yn swydd Swyddog Ieuenctid yn cydlynu projectau ieuenctid y theatr, yn gweithio gyda ysgolion ac yn cynnal gweithgareddau dawns a drama i blant a phobol ifanc Ceredigion. Hi oedd yn gyfrifol am y coreograffi yn y panto yn Felin-fach a dyna sut cwrddon ni.

Roedd criw ohonon ni'n gorfod dysgu dawnsio a ninne'n mynd mas o'n ffordd i osgoi hynny. Fe fydden ni'n dal i symud ein breichie o ochor i ochor a chlicio ein bysedd a thynnu coes, ac roedd unrhyw aelode newydd yn ei chael hi yn ddidrugaredd. Roedden ni'n tynnu ar Anna hefyd, ac ar y nosweth ola doedd dim dal be nelen ni. Un flwyddyn, roedd y sgweiar i fod i whilo am rywbeth yn ei boced a thynnu bra mas, ac ro'n i'n aros i fynd ar y llwyfan wrth un o'r mynedfeydd gydag aelod o'r cast oedd yn newydd i'r panto, Rhian Dafydd, sy nawr yn berchen Ji-binc. A dyma feddwl y nosweth ola fod rhaid i fi ddala Rhian. Felly, fe ddwedes wrthi mod i wedi anghofio'r bra a bod 'da fi ddim amser i nôl un o unman a bod yn rhaid i fi gael un. Fe goeliodd Rhian fy stori a thynnu ei bra, ei roi i fi a mynd ar y llwyfan heb yr un!

Yn ystod y cyfnod yma ro'n i'n dal ar bob cyfle i stopio Anna yng nghanol ei phrysurdeb i siarad â hi, ac fe holodd i fi flynydde wedyn:

'Pam oeddet ti'n stopio fi o hyd i siarad?'

A finne'n ateb – 'Am mod i'n dy lico di!'

Roedden ni'n dou yn briod ar y pryd. Anna Bell oedd hi, a doedd hi ddim yn un i chware o gwmpas.

Roedd Carys, fy merch, yn rhan o'r panto erbyn hyn ac roedd Anna yn ei nabod hi ac yn gyfarwydd iawn â ni i gyd fel teulu. Fe lwyfannwyd sioe i gofio am Elfed – y Parch. Elfed Lewys, yn y mannau y bu ef yn gysylltiedig â nhw – Llanfihangel-yng-Ngwynfa, Crymych, Pontyberem ac Aberystwyth ac roedd Carys yn y sioe honno hefyd, yn ogystal ag yn y ffilm *Hambons*, a grëwyd gan y bobol ifanc ar gyfer Eisteddfod Llambed 1999, ffilm yn trafod y gwrthdaro rhwng pobol y wlad a phobol y dre, a phroblemau'r mewnlifiad i gefn gwlad. Mae Carys erbyn hyn yn briod â Lowri, yn byw yn Llannon, ac yn Gynorthwyydd Personol i Ysgrifenydd Cyffredinol UCAC yn Aberystwyth.

Fe benderfynodd Anna fod angen mwy o hyfforddiant arni yn ei phrif gyfrwng, sef dawns, ac fe gafodd flwyddyn mas i fynd i Goleg Laban yn Llundain i ddilyn cwrs mewn dawns (diploma proffesiynol mewn dawns yn y gymuned) er mwyn iddi allu dychwelyd gyda mwy i'w gynnig yn y maes. Fe ddaeth adre dros wylie'r Nadolig i weld y panto ac i gyfarfod â phawb, ac yn y parti ar ddiwedd wythnos y perfformiade fe ddechreuon ni siarad, ac mae Anna'n cofio i fi weud mod i'n lico'i phenglinie hi! Dwi ddim yn cofio hynny, ond dwi'n cofio taw fi dalodd am dacsi iddi fynd adre y nosweth honno achos doedd ganddi ddim arian. Yna, fe decstiodd fi wedyn i weud bod arni ddegpunt i fi, ac fe drefnon ni i gwrdd yn Aberystwyth ar Nos Galan.

Roeddwn i'n darlledu'n fyw y nosweth honno o Llety Parc, a'r syniad oedd cael rhywle swnllyd lle bydde pobol yn fodlon gweiddi 'Blwyddyn Newydd Dda' am hanner nos. Fe wedes i wrth Anna taw yno y byddwn i os oedd hi am fy nghyfarfod, ac fe ddaeth mewn tacsi o barti yn nhŷ ei chwaer yn Bow Street. Roedd hi wedi gwahanu oddi wrth ei gŵr erbyn hynny, ond ro'n i'n dal i fyw 'da Siw.

Erbyn diwedd y nosweth dim ond Anna a fi a'r dyn disgo, Jonathan Lewis, oedd ar ôl a dyma ni'n dou'n dechre dawnsio. Nos Galan 2001–02 oedd hynny, nosweth arwyddocaol iawn yn hanes y ddou ohonon ni.

Ar yr ail o Ionawr fe dychweloedd Anna i Lundain ac roedden ni'n cadw mewn cysylltiad trwy decstio, a finne'n gorfod gosod y ffôn yn erbyn ffenest y parlwr neu yn y bathrwm gan fod y signal mor wan. Ar ôl mis o decstio, fe benderfynes fynd i'w gweld hi yn Llundain, a'r tro cynta i fi fynd lan fe ddalies i'r trên am naw y nos o Gaerdydd, a chyrraedd Llundain toc wedi un ar ddeg. Roedd y trên bron yn wag ac fe aeth y gard â fi drwodd i'r dosbarth cynta a gadael i fi drafeilio yn fan'no. Roedd dyn arall yno, dyn oedd wedi dwlu ar *Star Trek* ac ar ei ffordd i gynhadledd yn Brighton, ac allwn i ddim cael 'i wared e unweth y dechreuodd e siarad. Y camgymeriad wnes i oedd gweud wrtho fy mod i'n lico *Star Trek*, a doedd dim stop arno wedyn. Roedd e'n ddyn mewn swydd gyfrifol, yn rheolwr banc, ond roedd e'n hollol boncyrs Diolch i'r drefen, fe aeth oddi ar y trên yn Reading.

Mas â fi o'r trên yn Paddington a chwrdd ag Anna ar y platfform – ro'n i'n gwisgo siaced ledr ddu, dwi'n cofio. Yr eiliad honno, pan gwrddon ni, roedd fel petai amser wedi stopio i ni'n dou a'r byd o'n cwmpas yn dal i droi. Ac o'r foment honno roeddwn i'n gwybod mai dyma beth o'n i'n moyn. Yn fuan wedyn fe ddwedes wrth Siw be oedd yn digwydd, achos doedden ni ddim am dwyllo neb, ond roedd hi wedi dyfalu bod rhywbeth yn mynd ymlaen gan iddi ddod o hyd i ddou docyn sinema yn Llundain yn fy mhoced – un oedolyn ac un myfyriwr, a hynny pan o'n i i fod yng Nghaerdydd. Ond oherwydd inni fod yn agored unweth y sylweddolon ni beth oedd yn digwydd, ry'n ni mewn cysylltiad â'n gilydd hyd y dydd heddi; mae Anna a Siw yn ffrindie a hithe'n byw gyda'i gŵr, Gareth, yn y byngalo lan yr hewl o Dynrhelig.

Fe fues i'n mynd i Lundain yn rheolaidd ar benwythnosau wedyn tra oedd Anna yn y coleg, ac yn prynu rhosod iddi. Roedd hi'n lletya yn Forest Hill, ac un nosweth aethon ni mas am fwyd i China Town ac aros mas yn rhy hir nes inni golli'r trên ola. Doedd dim byd amdani ond cael tacsi, ond roedd Cardi yn Llundain yn ffafrio tacsis preifat yn hytrach na rhai swyddogol am eu bod yn rhatach. Roedd hyn wedi gweithio'r wythnos cynt a'r pris yn £20 lle bydde fe wedi bod dros £30 am dacsi swyddogol.

Boi gwahanol oedd hwn ac fe gytunodd ar £20 ar ôl peth haglo. Ond er ei fod e wedi gweud yn bendant y gwydde fe lle roedd Forest Hill, doedd 'da fe ddim clem. Fe welson ni'r un strydoedd fwy nag unweth, neu fe weles i'r un strydoedd achos roedd Anna'n cysgu'n drwm a do'n i ddim yn gyfarwydd o gwbwl â'r lle. Roedden ni ar goll yn llwyr a dwi'n meddwl i fi weld y rhan fwya o Lundain y nosweth honno. Yn y diwedd ges i lond bola a phan weles i ranc tacsis a swyddfa fechan fe wedes wrtho fe am stopio. Fe ddaeth anferth o ddyn i ben drws y swyddfa a phan ofynnodd boi'r tacsi preifat i fi am ei arian fe wedodd y boi mawr wrtho fe ble i fynd. Fe aeth y tacsi swyddogol â ni i ben ein taith am £10. Dyna be sy'n digwydd pan fydd Cardi yn Llundain yn trio arbed arian!

Dro arall roeddwn i ar drên lle roedd angen newid ym Mryste. Ond fe stopodd yn nhwnnel Hafren oherwydd rhyw broblem ac fe fuon ni'n styc yno am bron i dri chwarter awr. Cyrraedd Bryste o'r diwedd, a thrên ola'r nosweth honno wedi hen fynd. Roedd tua 30 ohonon ni ac fe drefnwyd rhes o dacsis ar ein cyfer, o Fryste i Lundain, gyda cwmni'r rheilffordd yn talu! Cyrraedd Paddington am un o'r gloch y bore a'r trenau a'r bysiau wedi stopio a'r stesion wedi cau. Ffonio am dacsi ond alle fe ddim codi neb yn Paddington ei hun. Felly, ffonio cwmni tacsis preifat a gweud beth oedd y broblem. Hwnnw'n gweud wrtha i am gychwyn cerdded a neidio i mewn i'r tasci, Ford Sierra, pan ddeuai fe heibio. A dyna ddigwyddodd.

Roedd y boi yn glebrwr heb ei ail, fel y rhan fwya o yrwyr tacsis Llundain, ac fe ges i wybod ganddo fe ble roedd Jo

Brand yn byw a ble roedd tai bach wedi'u gwerthu am gan mil er mwyn eu troi'n dŷ. Dwi wrth fy modd yn mynd i Lundain, ac wrth fy modd yn dod adre 'fyd. Unweth erioed dwi wedi dreifo yno, i nôl stwff Anna pan ddaeth ei blwyddyn yn y coleg i ben.

Roedd Anna wedi gosod ei thŷ yn Bow Street i denantiaid tra oedd hi yn Llundain, ac roedd y rhent yn help i dalu ffioedd y coleg. Ond fe symudon nhw mas pan ddaeth hi adre, ac fe symudes inne mas a mynd i fyw ati yn Bow Street, ac yna yn 2003 fe wnaethon ni briodi. Priodi yn y swyddfa gofrestru a hynny heb roi llawer o rybudd i neb. Dim ond chwech ohonon ni oedd yno: fi ac Anna, Lowri ei ffrind gore a'i phartner, Martin, a Siân, fy mhartner busnes i, a'i gŵr, Glyn.

Doedd dim brecwast priodas fel y cyfryw ond fe gawson ni ginio i bawb o'r teulu yn y Pier Brasserie yn Aberystwyth, a chan fod Anna yn un o chwech, roedd cryn dipyn ohonyn nhw. Gawson ni lunie wedi'u tynnu ar y prom ac fel roedden ni'n cerdded at y Brasserie dyma basio *bouncy castle* ac fe aeth y ddou ohonon ni arno fe cyn mynd am ein bwyd!

Un nosweth, ac un yn unig, yn y Celtic Manor, y gwesty crand ger Casnewydd, oedd ein mis mêl, a phan gyrhaeddon ni yno fe ddaeth rhywun at y car ar unweth i agor y drysau i ni. Roedd Anna yn cysgu ac yn pwyso yn erbyn y drws, ac fe ddisgynnodd mas! Doedd raid inni wneud dim, dim hyd yn oed parco'r car na chario'n bagie, roedd popeth yn cael ei wneud inni.

Roedd priodas, os nad dwy, wedi bod yn y Celtic y diwrnod hwnnw ac roedd llawer o bobol o gwmpas. Gadawes i Anna yn iste ar stôl ac yn fuan iawn roedd hi'n cysgu. Es inne draw at y bar a gofyn am beint yn fy acen Gymreig a dyma rhyw ddyn oedd wrth y bar yn gweud mewn acen posh: '*There's another one here.*' Roedd e'n rial toff, mewn siwt Armani ac yn dechre gwneud sbort am fy mhen, ac fe ddwedes i wrtho fe am gofio ble roedd e. Ond roedd e'n hen foi iawn yn y diwedd a doedd y cyfan yn ddim ond tipyn o dynnu coes digon diniwed. Fe ddechreuon ni siarad ac fe ddwedodd iddo fod mewn priodas y diwrnod hwnnw ac fe ddwedes inne mod i wedi priodi y diwrnod hwnnw hefyd. Doedd e ddim yn credu ar y dechre.

'*Where's your wife then?*' holodd.

'*There she is over there, asleep on the stool,*' medde finne.

Dou *corporate lawyer* o Lundain oedd wedi priodi'r diwrnod hwnnw, medde fe, ac roedd y cwmni wedi talu am bopeth yn y briodas. Chware teg iddo fe, fe brynodd botel o siampên i ni i gael dathlu, a honno wedi costio dros hanner canpunt. Fe gawson ni nosweth i'w chofio a pharti ardderchog er ein bod ni i bob pwrpas wedi 'gatecrashio'. Roedd criw o'r gwesteion yn trio dyfalu be ro'n i'n ei wneud, ac yn cynnig pob math o bethe, yn cynnwys ffarmwr a mecanic, a finne'n gwrthod gweud. Ac yng nghanol y siarad a'r sŵn yma dyma ferch i mewn a'r peth nesa glywes i oedd: 'Geraint Lloyd, be ti'n neud yma?' Dwi ddim yn cofio'n iawn pwy oedd hi, ond roedd hi yno'n canu'r delyn.

Mehefin 14eg, 2003 oedd dyddiad y briodas, ac fe'i bendithiwyd ymhen y flwyddyn gan y Gweinidog, Parchedig R. W. Jones, yng Nghapel y Garn, Bow Street, gyda'r parti wedyn yng Nghanolfan y Celfyddydau yn Aberystwyth. Fe fu Nhad a Mam farw yn 2004, fe anwyd Tomos yn 2005 ac ar ôl bod wrthi'n ailwampio ac ailadeiladu Tynrehlyg fe werthwyd y tŷ yn Bow Street ac fe symudon ni i Dynrhelig yn haf 2006.

'Yma rwyf innau i fod'

DOES NEB A ŵyr beth ddaw i'w ran yn y dyfodol, ond os caf fy nymuniad, yma yn Nhynrhelig rwy'n dymuno bod, fi ac Anna yn magu Tomos yn yr un gymdeithas a'r un awyrgylch ag y cefais i fy magu ynddi.

Mi gefais i blentyndod hapus, ac eto mae'n debyg nad oeddwn i'n llawn sylweddoli ar y pryd beth oedd gen i, gymaint o gyfoeth oedd o nghwmpas ym mhobman. Rwy'n ymwybodol iawn o'r cyfan erbyn hyn: yr olygfa, y lleoliad, diogelwch y gymdeithas, y tawelwch a'r hwylustod. Pan glywaf am helyntion yn y trefi mawr a hyd yn oed mewn rhai pentrefi, rwy'n diolch am heddwch Lledrod. Pan af i ganol bwrlwm a thraffig a phrysurdeb y canolfannau mawr, rwy'n diolch am dawelwch fy mro.

Ac er bod Lledrod yn bentre gwledig o'r neilltu, mae'n hwylus i fynd oddi yma i bobman; does nunlle'n bell oddi yma erbyn hyn. Mae'r byd cyfan o fewn ein cyrraedd.

Ar stad Bryn Castell y magwyd Anna ac mewn pentre tipyn prysurach na hwn y bu'n byw, a phan ddaeth yma gynta roedd y tawelwch yn ei chadw ar ddi-hun yn y nos, ond buan y daeth yn gyfarwydd â'r distawrwydd. A doedd e ddim yr un fath â'i bod yn dod i fyw i fy hen gartre i, achos fe newidiwyd ac fe addaswyd y tŷ yn llwyr. Mae'r tu fewn yn gwbwl newydd, ac mae pethe i'w gwneud o hyd; dyw'r gwaith byth yn dod i ben. Ac fel Cardi rwy'n lico gwneud popeth fy hun!

Mae derwen yng ngwaelod y cae a phan fydda i'n edrych arni rwy'n sylweddoli mod i wedi cyd-dyfu gyda hi dros y blynyddoedd, fel gyda'r coed eraill sy o gwmpas y lle. A phan fydda i ar y peiriant yn torri'r borfa – un o bleserau mawr bywyd – fe ga i hamdden i gofio, i hel meddylie am fy ngorffennol a'r bobol dwi wedi'u hadnabod yn ystod fy oes. Ac fe gaf fwynhau cwmni creaduriaid byd natur: y barcud coch, y tylluanod a'r cwningod.

Un golled gefais i oedd na alla i gofio Mam-gu a Nhad-cu, ac mae'r un peth yn wir am Tomos, o ochor ei dad. Bydd yn fy holi'n amal am ei dad-cu, finne'n dechre trwy sôn amdano fel fy nhad, ond yn fuan yn cyfeirio ato fel Dad-cu, er mawr ddifyrrwch i Tomos. Fe fydde'r ddau wedi dod ymlaen yn dda 'da'i gilydd ac fe fydde Mam-gu wedi ffysian uwch ei ben a'i sbwylio fe'n racs. Ond mae'n ffodus fod ganddo Nain a Thaid o ochor ei fam.

Mae'n arferiad ar ddiwedd cyfrol fel hon i ddiolch i bobol. Peidiwch poeni, chewch chi ddim truth hir gen i, nac enwi neb gan fod gormod yr ydw i mor ddiolchgar iddyn nhw. Mi allaf weud bod nifer fawr wedi ngwneud i yr hyn ydw i, mae pawb dwi wedi ei gyfarfod yn wir wedi bod yn rhan o hynny. Ac er bod nifer fawr ohonynt gallaf weud yn bendant na fu erioed air croes rhwng neb ohonom. Rwy'n ffodus dros ben mai cysylltu â phobol yw fy mhriod waith, ac rwy'n cael pleser anghyffredin yn y gwaith hwnnw, yn mwynhau pob eiliad ohono, ac yn edrych ymlaen ar ddechre pob rhaglen at gael sgwrsio gyda phobol a dysgu rhywbeth newydd am rywun neu rywle bob tro. Rwy'n mawr obeithio, os ydw i'n mwynhau, fod pawb arall yn mwynhau hefyd.

Mae'r diolch penna i Anna a Tomos am roi imi'r fath hapusrwydd. Mawr yw fy mraint yn cael y teulu delfrydol, y swydd ddelfrydol a chael byw lle rwy'n dymuno byw, yn fy nghynefin, un o lecynnau gwyrddaf a harddaf Cymru.

Hefyd o'r Lolfa:

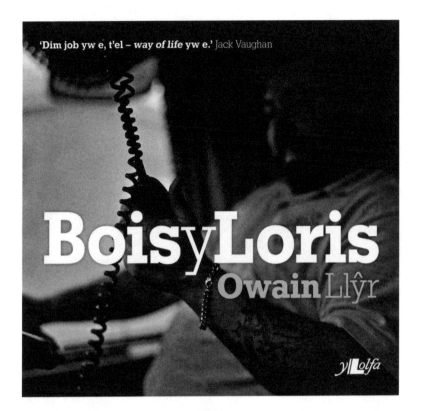

£9.95

HUNAN-ANGHOFIANT

BRYCHAN LLYR

BRWYDR BERSONOL
MAB YR HENDRE

y Lolfa

£9.95

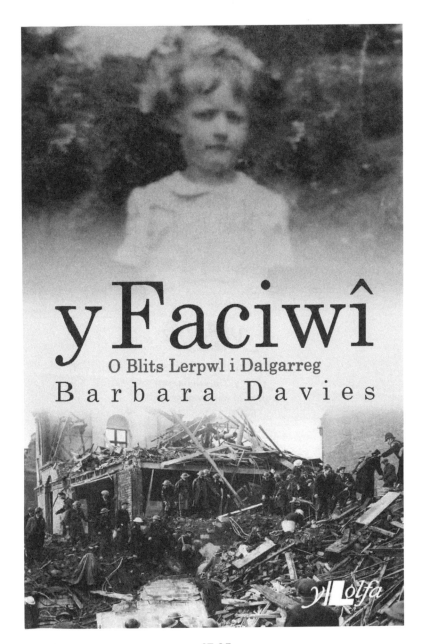

y Faciwî

O Blits Lerpwl i Dalgarreg

B a r b a r a   D a v i e s

yLolfa

£7.95

Am restr gyflawn o lyfrau'r Lolfa, mynnwch
gopi am ddim o'n catalog
neu hwyliwch i mewn i'n gwefan

www.ylolfa.com

lle gallwch archebu llyfrau ar-lein.

TALYBONT CEREDIGION CYMRU SY24 5HE
ebost ylolfa@ylolfa.com
gwefan www.ylolfa.com
ffôn 01970 832 304
ffacs 832 782